本书是湖南省哲学社会科学项目“体育作为教化之源——古希腊体育与教化哲学研究”（12YBA221）研究成果

古典教育研究丛书

古希腊体育的教化意义

樊　杰　著

中国社会科学出版社

图书在版编目（CIP）数据

古希腊体育的教化意义/樊杰著 . —北京：中国社会科学
出版社，2017. 11
（古典教育研究丛书）
ISBN 978 - 7 - 5203 - 1497 - 8

Ⅰ. ①古…　Ⅱ. ①樊…　Ⅲ. ①体育文化—研究—古希腊
Ⅳ. ①G815. 459

中国版本图书馆 CIP 数据核字（2017）第 280161 号

出 版 人　赵剑英
责任编辑　卢小生
责任校对　周晓东
责任印制　王　超

出　　　版　中国社会科学出版社
社　　　址　北京鼓楼西大街甲 158 号
邮　　　编　100720
网　　　址　http：//www. csspw. cn
发 行 部　010 - 84083685
门 市 部　010 - 84029450
经　　　销　新华书店及其他书店

印　　　刷　北京明恒达印务有限公司
装　　　订　廊坊市广阳区广增装订厂
版　　　次　2017 年 11 月第 1 版
印　　　次　2017 年 11 月第 1 次印刷

开　　　本　710×1000　1/16
印　　　张　12. 75
插　　　页　2
字　　　数　189 千字
定　　　价　56. 00 元

"人若赚得全世界，赔上自己的生命，有什么益处呢？人还能拿什么换生命呢？"

——《马太福音》16：26

探寻古典教育研究的意义（总序）

刘铁芳

　　生活在 21 世纪的今天，我们身处现代化的围裹之中，为什么还需要不断地回到古典，回归经典？这本身就是一个问题。

　　一个民族的经典往往体现了古典时代先贤杰出的思想，同时也是先贤思想在历史进程中不断地被选择、解释，甚至创造而成，也即真正的民族经典乃是历史进程中开放而持续的认同、阐释与创造中共同造就的。显然，所谓经典其实并不仅仅是属于经典作者，同样是属于历史的，属于民族的，是共同塑造的，是开放的，或者说是在开放中不断生成的。经典其实就包含一个民族在精神成人方面那些最关键的基因，或者说遗传密码。回到经典，回到古典显然不是要回到古代，而是让我们超越简单化的线性时间观念，在回溯经典文本的过程中去思考一个民族如何被塑造，一个民族作为其民族的关键信息。

　　历史乃是绵延性的，对于当下的我们而言，所谓历史并不是博物馆里被观赏的文物，历史并未过去，而是深深地植根于当下，潜移默化地建构着当下。正因为如此，古典所面临的问题其实也是我们今天所面临的基本问题，回到古典，其实就是回到我们今天所遭遇的基本问题，回到教育的基本问题，回归到人类的抑或民族的永恒性问题。回到古典并不是回到古代，而是不断地从古典所面对的问题出发，也就是从古典出发，敞开当下的问题空间：站在今人的立场上解读古典，激活古典在现时代的想象，让我们更好地理解古典，以古典思想来扩展今日教育的思想资源；站在古典的立场上解释当下，激活对当下基本问题的思考，让我们更好地理解当下教育的精神走向。

　　历史并未过去，那些开启先民的基础性事物依然在潜移默化地引领着今人的生命。真正的历史在不断地向着当下绵延，并建构着今日个体的内在自我。我们也并非历史的旁观者，我们乃是历史绵延到今天的体现者，我们就是活着的传统。传统不是静止的过去，而是绵延在今天，建构着今天，对传统的创造性解释就是在建构当下的。

民族的经典乃是发生在历史接受过程之中而形成的。先贤置身于其所处的历史与时代境遇之中，充分地完成属于其个人的文化创造，形成思想文本。后人在阅读先贤思想文本的过程中，不仅是学习先贤思想，也在此过程中开启自我，获得自我认同感，同时又以自我置身于时代之中的"偏见"（先见）来创造性地阐释、丰富先贤的思想。正是在此代代相传、不断选择性地阐释与创造的过程中形成民族历史和文化进程中开放的经典。

历史上的经典，曾经充分地开启先人的生命世界，到今天，依然是打开我们生命世界的重要资源。回到古典，并非要我们回到古代，而是沿着先民如何打开自我的路径来思考今日究竟如何更好地打开我们自身的生命世界。经典并非教条，真正的经典乃是开放性的。经典之所以为经典，乃是因为其承载着道，也即保持向着道的开放性。我们自身正是在阅读经典的过程中敞开我们自身向着道的开放性存在，我们自身的理解就是参与经典意义的创生。这里也提示我们如何把经典的文字还原成创生着的情景，还原成先哲生动地在他们所遭逢的时代里追求大道的生命实践，努力阐幽发微，以先哲高明之德行来照亮我们蒙昧的心灵。

重温古典，并非因循守旧，更非依葫芦画瓢，而是"温故"而"知新"，也即在不断地回望与理解中创造性地活化经典，让经典更好地进入当下，确切地说，是让经典激活当下的我们，让我们置身无根化的现代性处境之际，而能在与先哲的对话中触摸历史与传统中幽深的文化—生命之根基。正因为如此，关注古典教育，并不是为了猎奇，而是为中国教育寻根。"周虽旧邦，其命维新。"周虽然是旧的邦国，但其使命在革新。在重温古典的过程中触摸起源，并不是要守旧，而恰恰是要维新，只是这种"维新"是要建立在对我们自身的"命"的认识与坚守上，也即理解我们究竟需要怎样的新。不断地解释与理解教育的起源，正是要尝试着去理解那让我们不断地维新的"命"，由此而寻求今日教育之自我更新与自身超越的源头活水及内在路径，否则我们的求新就可能是盲目的、无根的。

近年来，我和我的团队逐步找到了一条以古典教育研究为特色的教育思考路径，我们的目的乃是要在探寻人类教育的本源的基础上，追寻中国教育的本源，触摸当下教育发展的深层脉象，以尽可能地夯实研究的背景与基础，在经典与现实、古典与现代、中国与西方之间尽可能保持融会贯通，同时又拥有深度而鲜活的张力，以此来促成深度教育思考的可能性。

当然，我们深知，这只是今日中国教育研究幽微而又不可或缺的重要路径之一，我们自身的研究也未必能达成我们预想的目标，但我们将持续努力，并力求在逐步回到中西古代原典的过程中扩展研究的深度与广度。身虽不从，心向往之。

2017 年 11 月于湖南长沙师范大学教育科学学院

摘　　要

　　体育是生命自身的保育，它直接与个体生命的福祉相关。体育作为德育、智育的前提，目的不仅仅是职业的培养，而是指向国民大众，负担的是神圣的社会职责。然而，在现实中，身体活动作为自然完整的生命表现形式，被人为物化，对生命意义的渴望被降低为技术性追求，教化的空间被窄化。在此情况下，重新回到起源意义上的体育，寻找体育最根本性的理解，挖掘本原性体育之于教化的启示性意义，从而为体育和教育的研究敞开新的思考空间，就显得非常有意义。

　　本书研究回到西方文明的源头古希腊，从古希腊体育的起源神话开始，分析了古希腊体育起源的观念背景，以及其在本原性意义上与教化的一体性。接下来，研究追寻了在古希腊体育发展的历程中基于起源信仰所形成的贵族德行传统、泛城邦赛会传统和城邦体育馆传统，以及随之形成的以体育、音乐和修辞（或哲学）为中心建构的特殊的教化目标与教育体系。然后，研究分析了古希腊由于起源性信仰的失落而产生的教化分裂局面，并剖析了古希腊哲学家如何通过重新理解基于起源意义上的自然秩序，在逻各斯之中重建了追求生命整全性发展的、以体育音乐和哲学为基础的教化体系。

　　本书认为，古希腊体育源于古希腊人对于自然之秩序性的确信，以及对生命法则乃是基于在苦难中感受美好的理解。敬畏生命的内在目的性，发展自然生命的强而有力，是古希腊人体育的核心价值，也是古希腊教化之德行理想的关键。正是古希腊对于秩序之神圣起源的不断追溯和对德行的追求，推动了古希腊数百年来体育以及体育思想的发展。

　　本书给人们以下启示：第一，作为教化核心价值的德行，乃是源自自然生命内在秩序的发展；第二，教化的途径乃是生命的参与性；第三，体育乃是作为生命整体参与世界获取意义的一种方式。在此意义上，体育乃是作为教化的重要源头。教化不是由人为规训所限定的教化，而是源于神圣秩序起源的，并指向人之卓越不断生成的教化。体育作为教化之源，不是以简单的身体竞技作为教化的出发点，而是以整体自然生命的潜在目的性作为教化的出发点。我们应该像古希腊人那样，重新回到自然生命的神圣起源之中，以理性的逻各斯来提升人的自然生命存在，使人从当下世界和身体的无穷变化之中领会生命意义的永恒。

目　录

第一章　现代体育和教化的异化与
人们对起源的遗忘

生命本身的价值是人类社会诸多价值中最高的价值。在人们生活众多感受中，生命本身的变化带来的震撼远比其他感受更为强烈：即便一点小病痛，也会把人的注意力吸引过来，使自己重新面对生命自身的提醒。生命的活动创造了各种价值，各种价值都在生命之中，生命里包含着它们，生命又在其之上。

人生重重地压在我们身上，负担的重量越重，与之相应的基础更需牢靠。健康的人和不健康的人，对于人生的感受是不同的。健康的身体是生命的根基，一切生命活动都从这里展开，它意味着我们所面临的人生无限宽广，能够去追求生命的价值，增进它的可能性。

生命与健康问题，是人类社会永恒的问题，个体、家庭和社会都必须面对它，并且往往不断地在获得与失去之间认识它的价值，从而敬畏生命。然而，生命价值的确认是不应该也不允许在失去之后才获得的，这样，代价太大，也没有任何弥补的机会，应该在尚未出现问题之前就认识到它。生命是基础，教育也应从这里出发。探索自然规律，了解生命的根本需求，获取人生不可或缺的知识，避免人们在生命的大问题上出错，这一点，正是教育的使命所在。

第一节　现代体育和教化的异化危机

在现代社会，人类自身生命所面临的危机前所未有，人类精神上的痛苦也超出以往的任何时代。物质世界的高度繁华和科学技术的飞速发展并没有给人们带来预想的幸福和美好。科学和技术的发展增加了人类的狂躁和骄傲，对物质和技术的依赖剥夺了人类原初生命的感受能力。人类依赖高消费和精致细腻的生活来保有自身对于美好的感受和想象，甚至通过极端的方式来刺激麻木的感官：依靠先进的医学来解决身体问题，依靠先进的心理学来解决心灵问题，依靠教育机构来管教自己的孩子，依靠互联网与人交流，依靠汽车行走，依靠物质来寻找快乐……人们生活在一套复杂的被给定和割裂的生活范式之中，脱离了完整的生命真实，这样的生活方式给人们带来了双重奴役——来自外界物质和技术的奴役，以及来自掌握物质和技术的人的奴役。人类对美好事物的追求越来越难以诉诸人类心灵深处的节制、谦逊和爱的自然力量。人们生活在前所未有的不自由之中，对于原本生命本身就具有的潜在能力，感到没有信心和希望。

由于缺乏足够的身体活动，加上自然生态环境的恶化，现代人的自然机能发生了变异，"肥胖者不断增多，新的病种不断产生"。① 肥胖症作为现代文明病，不仅影响患者个体的身体健康，而且很可能遗传到后代身上，使他们的后代增加慢性疾病、残疾和死亡的风险。这样的疾病给个体和家庭带来的恐惧是极大的，而且也很难通过简单的医学治疗得以解决。

在现代化的社会之中，人们的生命面临一个极大的悖论：在现代语境中，人的地位前所未有地高，然而，人却前所未有地迷失和不自由。

一　现代体育和教化中的异化现象

"异化"是一个很现代的概念。准确地说，它是由现代人对现时代反思时所创造的概念。异化直接指向人类生命受到侵害的方式，它被定义为：人的物质生产和精神生产及其产品变成异己的力量，反过来成为统治人的一种社会现象。简单地说，就是人类生产和创造的事物本来应该给人的生命带来福祉，却反过来给人带来了负担和奴役。

① 樊杰：《体育作为一项青少年基本权利受到重视——美国将体育和体育教育纳入法律保障的努力》，《武汉体育学院学报》2010 年第 12 期。

在人类行为活动中，给人的生命发展带来益处属于永恒的追求，倘若人的行为活动失去这一根本指向，就将把人类引向灾难。作为人类的两大基本活动的体育和教化，都应该指向个体生命福祉，一旦当其出现异化现象时，就应当引起我们的警觉。

体育异化是指在现实生活中，人们对体育的认识没有带来人的全面发展，反而导致自身主体性的丧失。我们当前的体育明显存在竞技体育越来越职业化的迹象，并且在这种职业化竞技之中，裹挟着浓厚的商业和政治气息，专业性质的运动成为体育的代名词，普通民众和青少年则对体育陌生甚至排斥。与此同时，在功利主义和狭隘民族主义的挟持下，兴奋剂、"黑哨"等丑闻层出不穷，专业运动员过度训练，伤害着他们的身体和精神。体育的异化带来的直接问题就是专业运动员与普通民众和青少年都不能从本来可以从事的适当体育活动中获得益处。专业运动员过度竞技损害身心发展，而其他人则缺少由身体活动带来的健康以及其他益处。

然而，使体育出现异化的原因并不能简单地归结于体育职业本身。体育作为一门职业，是现代社会难以避免的现象。体育职业天然带有英雄主义色彩，感染人心、振奋激情。而政治荣耀、高科技手段、商业利益等原因，都会将体育天赋突出者推上前台来享受掌声、鲜花、金钱与荣耀。因此，现代社会潜藏的危机并不是体育职业问题，而是把体育等同于职业问题。将体育等同于职业，意味着将人的身体当成谋求利益的手段和技术工具。也就是说，作为一种生活的参与方式的肉身，并不与生命本身直接相关，而是与外在于生命的金钱、权势和地位相关，而不进行体育的其他人群，失去的也不是直接关涉生命本身发展的福祉，而是在社会中赚取金钱、权势和地位的一种工具。

教化中的异化是指教化脱离了发展人的生命、帮助人获得生命福祉的根本主题。在现代社会中，将人培养成为"人"，亦即使人能够具备人之为人的基本属性这一假设性的前提，遭到了批判①，生命的终极关怀式微，生命的完整意义被遮蔽，生命呈现分裂的姿态。对世界和生命的工具性认识，使生命发展和欲望满足几乎成为同一范畴的问题，教育也因而很难具有超越性的追求，训练个体具备某些能力而在激烈竞争的社会中胜人一筹，也成为"理所当然"的目的。

在当前的教育体制中，训练人的"智能"或"心智"（以及这一类相关的概念）成为一种时髦的追求。不同的人天生具有不同的心智能力，因此，分析和界定人的心智特点并进行培育和发展就成为重要的获得"人力资本"②的基础。基于这类思维而进行的教育，首要关注的可能很少是个体整全生命成长的问题，而是依据不同的智力模式帮助孩子寻找不同职业出路的问题。③这种取向在当前世界的很多国家的教育体制中越来越突出，以至于对智能培育的重视几乎成为教育目的中的首要问题，而开发学生的智能潜力也成为很多学校的首选任务。在这种教育立场中，生命本身的意义需要通过学生所表现出的智能特点来定位，而身体作为完整生命的隐性根基，明显处于次级的、更为低级的地位，它服务于智能发展的高级目标。这可以解释当今教化系统中忽视体育和身体活动的原因，也可说明我们这个时代典型的身心二元对立思维模式。身心二元对立思维成为现代社会关于人的发展理念的基本背景。人工智能的开发、基因的改造，显然为身心二元对立思维推波助澜。既然人类可以依据智能重新创造新的智能物种

---

① 反本质主义者反对这种前提，往往是因为这种前提为那些掌握话语权的人赋予了潜在的奴役别人的权力。在当前的很多教育理论和实践中，提倡生命本身的独特性、非连续性、生成性等特点成为一种具有新的发展潜力的趋势。然而，绝对的反本质主义者的话语姿态，表明他们也从界定"生命本身具有非本质性"的角度成为新的本质主义者。事实上，所谓本质主义和非本质主义都应该被严格纳入人类认识论的框架之中进行探讨，这种探讨针对的只是人类认识世界的方式与可能性的不同维度，而远远难以穷尽人之生命存在本身的意义。生命的存在乃是超乎认识的，任何对于生命本身的表达都应该心存敬畏和谦卑。

② "人类资本"这一通用概念本身就具有将人工工具化的假设前提。

③ 此处并非批评多元智能理论，而只是想指出，多元智能理论本身是对人的生命的描述而不是界定，它强调的是生命本身的复杂性和多样性。故而教育不能将把生命的属性特点与生命的目的混为一谈，忽略完整生命本身的可敬畏之处而仅将培养不同智能作为教育的首要或者核心目标。

（克隆生命、智能机器人等），那么充分发达的心智能力显然被充当了新的造物主的角色，而成为新的偶像。

二　现代性思维能否解决体育和教化的异化问题

异化的体育和教化，显然并不能给人带来益处。不能进行适当的体育锻炼，人的生命就会受到威胁；没有良好的教化体系，社会就会出问题。而现代性的体育和教化之思维背景乃是身心二元对立的对于生命的分裂性理解，这一点注定无法解决在其中出现的各种异化问题。

首先，最为根本的是健康问题。生、老、病、死是每个人必然经历的生命体验，再发达的智能也不能取代由这些基本的人生问题带来的感受。在现代社会工具便利、物质充裕的情况下，人的身体活动明显比过去减少，而各种各样的疾病开始更深入地侵蚀人们的生活。有些疾病虽然可能被治愈但其带来的痛苦和恐惧却不会消失；更何况有些疾病完全治愈非常困难①，有些还带有遗传性的特点，类似这种疾病加给人的痛苦更是巨大的。

身心二元对立思维带来的潜在的且更为致命的问题，在于整个社会对于生命存在本身的误解与漠视。如果人的身体仅处于服务和被控制的地位，那么那些仅需要简单智能介入的身体活动，如简单的劳作、体育、舞蹈、休闲等，是否具有价值？从事这些活动的人们是否能够收获意义？如果身体的感受只是服务于智能发展的工具，那么我们对自己和他人的身心痛苦，是否仍需理解和同情？如果精神和智能高于身体，那么又该怎样看待身体消亡这样关涉终极的沉重问题？

我们似乎理所当然地认为，身体病了，就用身体的方式处理，比如养生和健康训练，而心灵出问题了，就用心理的方式处理，比如心理辅导和道德教育。现代处境中的体育和教化，正分属于这两种解决路径。然而，健康训练对于身体的益处或许显而可见，但心理引导和道德教育对于心灵的帮助是否能算得上成功呢？现代社会如此普遍又多样的心理疾病是缘何而生？我们习惯于"头痛医头，脚痛医脚"，

---

① 例如，肥胖症就成为文明社会最为头疼的疾患。

把生命整体碎片化为一个个具体的问题来处理，但是，当生命体本身出现了问题时，仅从病灶的表象入手是否会延误病情？

此外，身心二元对立思维所带来的另一个极端，就是对身体欲望的放纵。心智对于身体的引导往往要求规训身体的行为模式，而当心智被占有主导话语权的意识形态所控制的时候，身体就会被要求按照这种主导的意识形态的方式规训，从而成为某些话语霸权中的工具和附属品。这正是后现代主义身体观所针对的问题背景。后现代主义者对这一问题的反抗，在于发起新的身体革命，重新诉诸个体身体感受的合理性与合法性，而这一运动同时也打开了身体欲望的黑暗之门。提倡身体哲学的著名哲学家福柯，在他的有生之年，竭尽全力，试图解构人类谱系中的权利历史，在他个人的生命中，他开始尝试用纵欲、吸毒甚至自杀的方式寻找个体身体的权利解放。这种可怕的追求真理的方式，带来生命的毁灭，显然不能作为引导个体生命方向的普适价值。

轻看身体带来一种奴役，而轻看心灵又带来另一种奴役。身心二元对立语境下，个体无法弥合自身生命的裂痕而联结完整的生命意义，因此，往往偏离左右，无法立足于本体本心，而出现各种捆绑和不自由。这一问题的实质，乃是我们在身心二元之上缺少更深刻的生命整体关照而使这两者的联结一成为可能。换句话说，正是因为我们首先将身体和心灵都工具化了，这才出现身心二元对立问题，倘若我们无法从生命本身的终极观照中获得意义来安顿身心，那么，身心二元对立的局面就不能改变，奴役就难以消失。

那么，身体的感受、心灵的思索和生命的意义，究竟是什么关系呢？身体需要解放，然而，沉溺身体感觉可能带来生命的毁灭；身体需要规训，然而，有的规训却可能带来个体生命的奴役。在体育和教化这两类人类重要的生活方式之中，是不是存在完美结合的可能性，使个体生命的意义可以最大限度地实现呢？

第二节　基于起源意义上的体育和
教化的相通性

一　词源学中隐藏着完整意义上的观念之源

（一）何为体育

如何为事物命名，这本身就是一个难题。命名首先意味着命名者对被命名的对象有一个理解性的前提，因此，试图借用言语为这种理解确定一个边界。命名必定包含命名者理解视域中的情境性、当下性和个体性。如果命名者本人所理解的这种情境性、当下性和个体性不具备普适性的背景内涵，换句话说，如果不具备在个体当下理解背景中的共鸣，命名就是失误的。因此，为事物命名实际上存在双重困难：一是被命名的对象是否具备人们境遇理解中的普适性意义；二是命名者对于当下情景中事物的普适性的意义的概括是否具有普适性。

这两种命名的困难在当今体育的研究上也是存在的。对于何为"体育"的问题，众说纷纭，至少有两种较为普遍的解释：第一种认为，体育就是体育运动；第二种认为，体育就是通过体育运动实现的教育形式。这两种命名分别为体育进行了限定，其界限在于是教育领域还是非教育领域。不过，这种界限却并非泾渭分明，因为也有研究者试图说明体育运动本身以及体育竞技赛会也具有教育的意义。在对"体育"的命名过程中，对公认性的、普适性的意义的界定没有完全达成共识。

我国传统中其实并不存在专门的词语来界定我们现在所理解的"体育"一词，这一语义背景的转换其实源自西方和日本。在清末民初"东学西渐"过程中，所谓"新教育"的引进，包括体育教育这一样式。英语中的"physical education"，由日本翻译为"身体（之）教育""体教""身教"，并传入我国，后来翻译为"体育"。所以，在"东学西渐"意义上，首先进入视野的"体育"，乃是基于教育领域的内涵之上的；而作为一种生活中的特定活动的运动"sport"，后来才进入人们视野，也以"体育"一词译之。

因此，作为教育形式的"physical education"和作为非教育形式的"sport"，这样两种对于体育的理解，本身具备了在历史发展过程中所展开的情境性特点，这一过程带来了对"体育"命名的困难。

在英文背景中，对"体育"的命名有上面提到的"physical education""sport"，以及 gym，physical culture，physical training，physical activity 等。"sport"作为体育运动，一般是指具有平等参与、机会均等、严格规范、跨地域参与团队、有裁判等特点的身体竞技活动，然而，这些特点也只是在工业革命之后才发展起来的。① 不过，该词源于古代法语"desport"，"des"在拉丁语中是"卸下、去掉"的意思，而"port"这一词根在拉丁语中则表示"携带、带上"的意思，在古代法语中"desport"一般表示"解脱释放、娱乐、消遣、休闲"等意思，最初并没有直接的身体活动的含义②，因此，最初该词源于对活动功效性的界定，而不是活动本身的界定，对其活动本身的规定是在时代发展中附加上去的。"Gym"一词来自体育馆 gymnasium，这个词最初源于古希腊的体育馆传统，古希腊的体育馆并不只是单纯意义上的地理空间建筑，更是一种以体育馆为中心进行（现代意义上的）体育、音乐、历史、修辞和哲学活动的教育机构，这一机构在古希腊语中就是 gymnasion，或者是 palaistra（这两个词经常被混用，有时被统称为 gymnasion，本书第二章有解释）③，因而"Gym"一词具有很强的教育意味，现在还常有哲人用"gymnast"一词来表达身心全面发

---

① Guttmann 和 Mandell 的观点，参见 David Sansone, *Greek Athletics and the Genesis of Sport*, Oakland：University of California Press, 1992，pp. 5 - 6。

② David Sansone, *Greek Athletics and the Genesis of Sport*, Oakland：University of California Press, 1992, pp. 4 - 6.

③ Stephen G. Miller, *Ancient Greek Athletics*, New Haven and Londen：Yale University Press, 2004，p. 176.

展的意思①，不过，这个词的使用范围并不宽泛。

英文背景中通用的对体育的命名就是"physical activity"以及"physical education"。因为"physical"一般被理解为物理的或者物理机体的，所以，我们现在一般将"physical activity"以及"physical education"理解为肉体与身体活动或者肉体与身体的教育。然而，事实上，"physical"一词的内涵极为宽泛，其词根来源于古希腊语中的physis，"指'依靠自己的力量而成长的东西'，即'天生的''自然而然的'"。和它相对应的是techne，即"制造术"②，因此，physical activity在词源学上的本意指的是依靠人之自然生命力量成长的活动，而physical education则指的是依据人之自然而然的生命力量而达成的教育，因此，两者既能表达自然身体的活动，也能表达依据人之自然而进行的文化和教化内涵。我们也可以这样说，体育这一关涉身体及身体活动的概念，在古希腊语的语境中，乃是一个指向生命"自然"的范畴，它超越身心二元对立观念的概念，是指向生命整体本身的生长的，正因为如此，体育才可能蕴含着教化的意味。倘若追溯到这一本源性的词义，那么，体育的教育性和运动性在这个层面上就得到了统一。然而，关键问题在于，由于我们所处时代的关系，"自然"一词本身成为一个极具工具性意义的词语，成为一种外在于我们的物化的对象，在这种情况之下，要突破现有的情境而回到最初意义上的"体育"的"自然"也是相当困难的。

（二）何为教化

在战国时期，我国就出现了"教化"一词，到了汉朝，"教化"使用就已经非常广泛了。《诗经·序》中讲"美教化，移风俗"③，指的是美对于人的潜移默化的引导性作用。《礼记·经解》讲"故礼之教化也微，其止邪也于未形"，指的是崇礼对于人向善祛邪具有细致

---

① Rudolf Steiner, *A Modern Art of Education*, New York：Anthropsophic Press, 2004, pp. 18－23.

② 陈村富：《希腊原创文化及其观念》，《浙江大学学报》（人文社会科学版）2003年第5期，第10页。

③ （汉）郑玄笺，（唐）孔颖达撰：《十三经注疏·毛经正义》，古本，第219页。

入微的效果，这里突出了我国古代"教化"传统"向善"的鲜明指向性。《荀子》中讲"教化"，认为"论礼乐，正身行，广教化，美风俗""尧舜者至天下善教化者也"①，大致也是肯定礼乐对于熏陶国民、移风易俗的作用，此处的教化类似于陶冶和熏陶。《战国策·卫策·卫肆君时胥靡逃之魏章》中讲："教化喻于民，三百之城，足以为治；民无廉耻，虽有十左氏，将何以用之？"此处的"教化"，明显具有使治理国家管理百姓更容易的意味，并将原来所指的向善的意义简化成让百姓具有廉耻之心。《白虎通·三教》讲"教化"，指的是"上行下效"，所谓"教者，何谓也？教者，效也。上为之，下效之。民有质朴，不教不成"。此处的"教化"虽然也很强调熏陶的意义，但已经明显突出了统治者和被统治者在身份上的显著区别，而将"上"（统治者）作为教化的保有者和施行者，将"下"理解为蒙昧无知的群体而作为教化的感受者和被动者。

由此可见，虽然从形式上看"教化"仍然还是相同的命名，然而，随着历史的发展，其语义上已经发生了很大的变化。我国后来凡是讲到"教化"一词，往往与政治统治无法分开，虽然其主要指的是广义上的社会对民众行为产生的影响，但因为其具有"政教"合一的特点，有时甚至被窄化为如何使百姓顺从不作乱、使统治者稳定管理这一意义。

正是这个原因，很多现代研究者不太愿意使用"教化"一词，而以含义近似的"文化"一词取而代之。

在我国古文中，"文"指的是纹理，即事物相杂所反映出的脉络，分为"天文"和"人文"，两者最初强调的是自然法则，分别指宇宙万物的自然道理和社会人伦的自然道理。"观乎天文，以察时变；观乎人文，以化成天下。"②了解宇宙万物的自然道理是为了察觉局势变化，而了解社会人伦的自然道理是为了施行教育和感化，因此，我国

---

① 荀子：《荀子·王制篇》，http：//www.confucius2000.com/confucian/xunzi/9wangzhi.htm，2011 年 5 月 12 日。

② 徐芹庭：《细说易经六十四卦》，中国书店出版社 2009 年版，第 318 页。

传统古代意义上"天文"与"人文"体现的是不同的自然法则，它们具备不同的功能，而"文化"则主要指的是人文教化。"文化"一词在开始还具有遵循自然道理的含义，然而，汉朝以降，"文化"也与统治者的治国管理直接联系起来。"圣人之治天下也，先文德而后武力。凡武之兴，为不服也。文化不改，然后加诛。"（《说苑·指武》）"文化内辑，武功外悠"（《文选·补之诗》），将"文化"和"武力"并举，其实将"文化"本来所指的社会人伦法则的教化之意下降为统治者的说服和劝导，统治者施行统治，听从劝化则加冕，不听从则加诛，也是十分可畏的。

然而，"文化"一词在我国"西学东渐"之潮中也获得了新的解释。梁启超在《什么是文化》中说，"文化者，人类心能所开释出来之有价值的共业也"①，遂将其含义扩展到人类社会行为中的总体精神诉求，并开创了突破我国原有模式学习西方文化的思想之路。

现代外语语境中，像 humanization、domestication、building、culture 等词都可以表达有些近似"文化"的意思。Domestication 主要指驯化动物，使其性情变得温良，不指代整个社会意义上对人群的教育性；humanization 是在启蒙运动所发展的人文主义思想的语境中展开的，具有鲜明的以人为本体的色彩，强调个体的主观意愿和权利。西方从古代至今一直较为通用的还是 building 和 culture。

在德语中，"文化"对应的词是"buildung"（buiding），本意乃建造房屋，引申为根据相应的"形式"或"理念"对个体进行塑造的意思。在现代性背景中，该词可能具有诸多不同的含义，然而，倘若追寻"形式"和"质料"这一概念的产生时期，还需追溯到古希腊。古希腊人基于对自然和秩序理解，认为"形式"和"质料"是一种基于自然的结合，即属地的质料和属天空神灵的理念的结合。②从学者王凌云的观点来看，"buildung"一词与中国的"陶冶"在内

①　李宝红：《梁启超文化观述论》，《华中师范大学学报》（人文社会科学版）1998 年第 9 期，第 28 页。
②　对于"形式"和"质料"的分析，亚里士多德的观点是最为清晰而且最为典型的，在本书第三章中将会论述。

涵上具有相同之处，因为其根植大地之自然法而进行赋形和塑造，因此，具有既依赖自然天性，又克服自然之无序性的意蕴。①

英语中，"文化"一词对应的是"culture"，该词在现代不同的思想流派中有不同的解释，不过，其词根来源于拉丁语的"cultura"，即农作、培育，意思是根据自然属性引导作物生长。用农作物的生长比喻人的心灵的生长，依循的是对大地和自然之法则的模仿，这样的话，这一词语的本源意义最终也须通过对于古希腊和古罗马时期之"自然"的理解才能最终实现解释。

"教化"另一个常用的词是 Paideia，现代很多哲学家常会使用这个词。该词来源于古希腊语的"παιεια"，意为"抚育和教育儿童"，"教并使之习于所教"②，在古希腊语境中，主要是指培育拥有城邦所需德行的公民，即生命卓越、身心和谐的人，尤以古希腊英雄为典型，该词的内涵也许会追溯到古希腊人对于人之自然的理解，这在正文中还会多次提及。

（三）体育与教化在词源学上的相异性和相通性

"体育"和"教化"分别指向人类行为的不同范畴，对前者更多的是从人行为方式上的界定，对后者则更多的是从发展效果上的界定。这两种不同的范畴，意味着两者属性上的差异，但更意味着两者可能存在本质上的相交之处。

西方语言往往可以通过查找词源学的传统而寻找语言所指代的事物最初的基本形态。而西方语言和思想最初往往植根于古希腊的传统之中，当我们追溯到古希腊语言的原初内涵时，通过对"体育"和"教化"的命名和含义的探讨，我们发现，早在古希腊语和古拉丁语的语境之中，这两种事物乃是通过对于"自然"的理解而进行关联的。"自然"赋予自然生物生长的特性，只有依据这一特性，自然作物才能生长；"自然"赋予人类心灵发展以特性，只有依据这一特性，

---

① 一行：《什么是教化》，道里书院论坛，http：//daoli. getbbs. com/post/t169946. htm，2011 年 4 月 12 日。

② 杨豹：《当代西方德性伦理视野中的德性教化及其启示》，《伦理学研究》2010 年第 5 期，第 97 页。

人类的心灵才能得到良好的培育，这一依据自然而进行心灵培育的活动，就是教化活动。古希腊早期语言中，"体育"（physical education 或 physical activity）就是基于人之自然的教育，或者是依据人之自然而进行的生长活动。从这个意义上说，"体育"本质上就是教化。

"体育"与"教化"在词源学意义上出现关联性表明，在古希腊时期，存在对事物原初意义理解上的、将事物与事物之间视为完整发展、彼此相互连接的生命世界。在这一世界之中，我们现在已经断裂的两个不同的范畴，在"自然"的含义中结合为一个整体，并可以构成我们现在思考"体育"和"教化"异化问题的逻辑起点。后文还会继续深入研究这一问题。

当然，很可能在中文语言中，这两者在语言发展之初也存在相通性，但是，因为古代中文文字依据象形来传词达意，而在传统文化几千年的发展之中，文字形象又发生了多次重大变化，因此，探讨其最初的词源意义就成为一项极为艰苦的工作，只有期待学界对此进行探究。

二　存在一个起源性的完整的意义世界

（一）宇宙万物在起源中的奥秘

"起源"一词是个极富哲学意味的词语。在词语解释中，起源与根源、本源并不是同一个概念，然而，现代的各种研究表明，起源在某种程度上揭示了根源的所在。

由天主教士乔治·勒梅特最初提出，到斯蒂芬·霍金证实的宇宙起源理论，指出宇宙起源于一次大爆炸，并且仍然在扩张。① 后来，科学家以严谨实证的方式，试图不断地接近大爆炸发生的那一瞬间，并以在粒子加速器中捕捉到的影像推断大爆炸的模型，找到了大爆炸后 30 万年时辐射的原始结构，这一结构表明，宇宙很可能在起源的

---

① 对此，有的科学家指出，宇宙起源的"爆炸论"在严格意义上应该被称为"膨胀论"，即宇宙在开始爆炸的那一刻就已经存在一个现在宇宙扩张结构的原型了。参见 BBC《霍金的世界·盘古初开》，http：//v. ku6. com/show/7GlGQTBx2eUIwb_ G. html，2011 年 4 月 12 日。

时候就已经具有现在扩张的原型。①

混沌理论和自组织理论的发现也说明了起源的奇妙。第二次世界大战时期，英国的密码专家和数学家图灵发现，在人们无法理解的背景中会自然产生出模式；而俄国化学家别洛乌索夫则观察到在没有任何外界力量的条件下，自然事物（如水）会自发形成奇特美妙的运动形态；现代气象学观察到"蝴蝶效应"，即自然界微小的变化都会带来整个世界自然气候模式的变迁；② 当前生命科学还有一种新的发现，即生物组织的最小单位（比如 DNA 和 RHA）本身仍然是完整和复杂的，其结构化的分析还可以持续下去。所有这些自组织理论都表明，宇宙和自然界普遍存在某种难以令人理解的自组织的力量（遍及物种的基因、气候变迁、自然形状等），而产生这些力量的"混沌"，即世界的原初形态，就是某种无序和有序、可推理性和不可预测性、规则的简单性和现象的复杂性的结合。这一点冲击了当代人在科学理性背景中所形成的对世界单一结构的认识和自认为的对世界确定性的把握，同时也激励我们回到起源去探寻事物奥妙的勇气：我们的世界所蕴含的奇妙性在其开始的时候就已经显现给我们了，起源的时刻便是一切变化发展的最初依据，是一切复杂性基以形成的简单性，是时间的起点，也是结果的逻辑起点。

（二）逻辑性的开端作为事物发展的真正起源

这些发现也从另一个角度与试图发现人类精神世界的秘密的人文科学研究者所做的探求不谋而合。像胡塞尔这样的现象学家，他们所做的现象学的研究，并不是为了简单地堆砌事实和史料，而是为了去发现潜藏在所有复杂性背后的那些一以贯之的东西，那些表现出非连续性然而实质上却存在潜在的连续性的东西，比如胡塞尔认为的一切心理、精神和实践根基的"第一哲学"、海德格尔所理解的造成人之生命遭遇不断涌现的"源"等。对这样的一些研究，

---

① BBC：《创世·宇宙大爆炸》，http：//www. tudou. com/programs/view/oy8xwpVFaGU/isRenhe＝1，2011 年 4 月 12 日。

② BBC：《神秘的混沌理论》，http：//www. tudou. com/programs/view/UownJVYTqdY/，2011 年 4 月 12 日。

我们似乎可以将其看作是他们在对人类生命和精神领域所进行的自组织研究。

　　然而，对于已经离起源和开端越来越远的研究者来说，寻找它并不容易。因为只是找到一种时间意义上的起点，并不意味着起源的真实再现。起源是复杂和深刻的，开端必须与"本原"相关系，在人类思想和精神发展的历程中，对世界本原性的理解应该贯穿始终。因此，黑格尔才会说，"那对于思维是首要的东西，对于思维过程也应当是最初的东西"，由于"科学的整体本身是一个圆圈，在这个圆圈中，最初的也将是最后的东西，最后的也将是最初的东西"，所以，"最初的东西又同样是根据"。"所以哲学的开端，在一切后继的发展中，都是当前现在的、自己保持的基础，是完全长留在以后规定的内部的东西。"当然，"开端的规定性，是一般直接的和抽象的东西"，"那个造成开端的东西，因为它在那里还是未发展的、无内容的东西，在开端中将不会被真正认识到，只有在完全发展了的科学中，才有对它的完成了的、有内容的认识，并且那才是真正有了根据的认识。"①因此，尽管起源在开始的时候可能会显得混沌不清，然而，如果它所呈现的特点，在后来的发展中不断地被回溯并发展，那么起源就能够显现。在人类精神世界的领域，在起源时所含混不清的观念和态度，如果同样在后世之中现出轮廓，这种精神起源也能显现出来。

　　（三）古希腊作为人类观念世界的一个源头

　　在文化研究领域，试图从起源的角度发现事物原型是比较常见的，同时也产生了很多的成果。雅斯贝尔斯曾经将公元前800年至公元前200年这600年历史称为整个人类文化史的"轴心时代"，他认为，这个时期在世界上的不同的文明中心（如中国、希腊等地）都形成了一定的精神自觉，并奠定了之后人类思考的基本范畴。②此后，"轴心时期"的三大文化——古代中国、古代希腊和古代印度——便被认为是人类文化精神发展史上重要的起源时期，并成为诸多文化思

---

① ［德］黑格尔：《逻辑学》上卷，商务印书馆1974年版，第51—57页。
② 李振刚：《智者的叮咛》，知书房出版集团2001年版，第1页。

想研究的关键领域的起点性问题，而且这三种不同文化在源头上的细微差异也直接导致了后来文化形态的巨大差别。例如，谢文郁分析中西方哲学的分野时，对古希腊的本原论和老子的本原论进行了比较，结果发现，两者的基本观点极为相似，但存在细微的差异，而正是这细微的差异导致了中西方文化哲学思考路径的不同。他认为，"古希腊本原论哲学的发展是建立在对本原概念的批判分析基础上的，他们把哲学思考集中于如何使本原概念获得逻辑圆满性之上"[1]；而中国哲学"对本原的理解是较淡薄的"。[2] 从谢文郁的分析中我们可以发现，从人类思想的起源时期探讨现代思想的形成原因的确具有有效性，同时，我们还可以看到，如何对待"起源"问题，本身也构成了一个根本的哲学问题。

古希腊作为当今西方文化思想的源头之一，其价值体系和意义结构衍生出当前西方世界的一些基本价值观念。作为人类精神的最初自觉，古希腊产生了人类生命的原创性智慧，并绽放了体育、哲学、艺术等多朵奇葩，闪耀出人类文明的独特光辉。古希腊向人们展示了人类获得最大可能发展的一种范式，在这一范式中，人类的各种行为本身能够获得最高的和最恰当的内涵及意义。正是由于这一范式的存在，古希腊才可能成为人类观念的真正意义上的起源之一。古希腊为后来的时代提供了一个人类精神和文明发展的参照系，作为一种思想研究的起源，古希腊的思想也成为西方思想领域不断回溯以获得动力的宝库，成为奥古斯丁、阿奎那、尼采、福柯、海德格尔、雅斯贝尔斯、阿伦特、施特劳斯等影响世界的大哲学家的精神源泉之一。因而对古希腊文化和智慧的探究也成为思考中西方精神人格差异形成的根本性的教育问题。

我们从词源学中可以一窥古希腊教化和体育的完整性，这种完整性在现代生活中逐渐消失了，这意味着我们需要重新回溯到这一源头

① 谢文郁：《论中西哲学分化的逻辑起点——古希腊本原论和〈老子〉哲学比较》，《苏州大学学报》（哲学社会科学版）1988年第1期，第14页。
② 同上书，第14页。

中，思考古希腊人个体精神人格完整发展的奥秘。

第三节 本书研究的使命和研究方法

一 人们对起源的遗忘及本书研究的使命

现代世界中所出现的体育和教化异化的危机，其根源在于人们在现代生活方式之中失去了对于人类精神起源的认识和体悟能力，以及由此带来的对两者之于人之生命最大可能发展的意义的遗忘。基于这一原因，我们只有重新回到两者合理性得到确认的真正起源中，才能观照当下，寻找出路。

当然，在判断现有的体育和教化发生异化是由于人们对于其起源性意义的遗忘而产生时，本书实际上存在一个基本的观念预设，即体育和教化在某种起源性的文化之中，的确是相融相通于一个完整的意义世界之中，并引导个体完整生命的发展的；这个完整的意义世界确然存在，它不仅仅留下了在词源学上的线索，而且也在当时人们的精神和观念世界中有所展现，并且这种基于起源意义上的发展原型，一直作为一个核心贯穿在整个发展过程之中。只有当我们真正在古希腊的文化和体育发展之中发现这个一以贯之的原型，并论证它作为一个最初和最基本的动力将人之生命导向最大可能性的发展，借以作为教化的基本根基时，我们的假设才能成立。

因此，本书研究的使命乃在于通过寻找古希腊的体育和教化的观念性的起点、由这一起点引出的两者的现实发展过程，以及在偏离这一过程时古希腊人的重构，来展现这一起源上的意义原型。

本书所做的不过是将现象客观地沿着其发展脉络展开。如果起源性的原型是存在的，那么它是不需要人们去人为辩护的，而哲学的使命"只把一切事物展现在我们面前"。①

---

① ［英］维特根斯坦，转引自赵汀阳《维特根斯坦式的"现象学还原"》，爱思想网，http://www.aisixiang.com/data/31720.html，2011 年 4 月 12 日。

在这个意义上，本书所进行的体育哲学研究，并不是为了给体育和教化进行新的命名来取代原有命名，而在于敞开原有命名的空间，使该被命名的事物在人们的理解背景中能获得更多的普适性意义。本书重新分析体育和教化，也不在于重新为体育和教化给予别具一格的界定，而在于真实地展现体育和教化在起源的完整的意义世界中是如何可能的。

二 现象学和教育现象学方法

胡塞尔的现象学开创了人文学科领域新的研究范式。胡塞尔认为，"现象学必须研究'意识'，研究各种体验、行为和行为相关项"，其目的是"摆脱一切迄今为止通行的思想习惯，认识和摧毁那类通行思想习惯借以限制我们思想视野的理智束缚，然后以充分的思想自由把握住应当予以全面更新的真正的哲学问题，这样才有可能达到向一切方面敞开的视野"。① 胡塞尔认为，存在一种意识，一种"被先验还原了的现象"，这种现象是一种基于体验的非实在存在，而这种存在正是人面对世界和"我"的最基本的准备，然而，这种准备并非能简单地为人的知觉、注意所解释，因为它"伸向无限"，并且指向"事物世界""价值世界""善的世界"和"实践的世界"。② 更为重要的是，胡塞尔认为，探求这种"意识"科学，不仅仅是心理学（即不仅仅与认知相关），而且是"第一哲学"，即与人一切的思想、精神和实践相关，是认识事物、判断价值、追求"善"的存在和付诸实践行为的根基。当胡塞尔把这种纯粹的现象学作为第一哲学之后，他回避了人文学科对绝对、实在、客观真理等超验问题的直接探讨，而转而从人类思想和行为的可能性出发，来达到对绝对与相对、抽象与具体、先验与事实的统一。胡塞尔所开创的这种现象学的方法，也成为人文研究领域突破价值和意义垄断与独裁，摆脱偏见的一种具有包容性和开放性的重要研究方法。在胡塞尔之后，语言、体验等一切与意识及相关行为有关的现象都进入重新分析和解读的视野。然而，

---

① ［德］胡塞尔：《纯粹现象学通论》，商务印书馆 1992 年版，第 43—44 页。
② 同上书，第 49—54 页。

胡塞尔的目的并不是解构，而是一种开放性的建构，而这一建构的基础就是他所理解的"纯粹意识"的基本结构。故而，在胡塞尔之后，"追寻生活的原初的体验""苦苦探寻意识的结构性特征"① 的"回到原点"的方法成为一种重要的研究进路，并成为海德格尔、梅洛·庞蒂、伽达默尔等哲学家的毕生追求。

海德格尔"承着胡氏的哲学方向（现象学）来发展……把实有和现象等同起来：显现即是现象，故实有即是现象"。② 海德格尔从时间中观照了存在（being），而且从一种动态的角度发现了存在者在"延续"的过程中所体现的本质意义③，从而为从现象学视角探讨事物"是其所是"的可能性奠定了基础。因而，海德格尔强调的是"让人从显现的东西那里，如它从其本身所显现的那样来看它"。④ 这里，"显现"一词，既可以是逻辑的显现，也可以是时间的显现，因此，海德格尔的这种现象学方法，其实给出了两条"回到原点"的路径，即基于文本的和基于历史的解释学。事实上，海德格尔强调的事物"是其所是"的"显现"及"延续"，仍然是当代人文学科探讨的基础命题。杜威在其《民主主义与教育》一书中，以一种基于"内在连续性"的过程论替代了目的论来建构他的教育目的观，从而试图达到他反对教育中的奴役的民主主义理想，这其中暗含了一个十分重要的价值期待，即事物（人）是在其内在具有的"延续"和"显现"之中体现其存在价值的。⑤ 然而，对于教育学和人文学科而言，事物（人）究竟如何"是其所是"，如何"延续"和"显现"，换句话说，

---

① 李树英：《一门新型的教育学——访教育现象学国际大师马克思·范梅南教授》，《开放教育研究》2005 年第 6 期。

② 吴汝钧：《纯粹力动现象学》，（台北）商务印书馆 2005 年版，第 88 页。

③ 陈荣华先生认为，一切存在者皆要在（"延续下去"）这个过程上，才能成为它们自己。参见陈荣华《海德格尔存在与时间阐释》，台湾大学出版中心 2006 年版，第 9 页。

④ ［德］海德格尔：《存在与时间》，陈嘉映、王庆节译，生活·读书·新知三联书店 1987 年版，第 43 页。

⑤ 杜威认为，在考察一个活动所给定的目的是否合理时，首先要考察的是"所指定的工作是否具有内在的连续性"，而目的的含义则是指"有秩序的、安排好的活动，在这个活动中，秩序就是循序地完成一个过程"。参见［美］约翰·杜威《民主主义与教育》，王承绪译，人民教育出版社 1990 年版，第 107 页。

如何体现其自身延续性,仍然是一个需要探讨的根本问题。

梅洛·庞蒂的现象学被人称为"身体现象学"①,而基于他的哲学的认知理论被人称为"具身"认知理论②,这是因为,他在现象学研究中特别强调身体作为一种基础性的存在方式,亦即胡塞尔所强调的意识的最初结构,以及海德格尔所强调的人的"延续性"的起点,以此来超越身心二元、意识和行为二分的哲学范畴。梅洛·庞蒂认为,"身体分泌出一种不知来自何处的'意义',因为我们看到身体把该意义投射到它周围的特质环境和传递给其他具体化的主体"③,而这种基于身体的意义的世界已经不是"纯粹的存在,而是通过我的各种体验的相互作用,通过我的体验和他人的体验的相互作用,通过体验与体验之间如齿轮般的相互啮合而揭示的意义"。④ 梅洛·庞蒂的这种哲学建构具有很强的现实意义,其影响也很快遍及其他学科领域。在我国教育学领域,刘良华首先提出"身体教育学",他将"身体教育学"放在和"知识教育学"相对应的概念维度,强调"关注整个身体的发展,而不只是关注脑袋的发展"⑤,便是试图以身体存在的基础性意义来对抗教育中面临的严重的身心二元问题。

教育现象学最初的提出来源于克里克借用胡塞尔的现象学的本质分析方法来探讨教育科学,经由乌德勒支学院创立并发展,并由加拿大阿尔伯塔大学范梅南教授发展推广。⑥ 范梅南认为,现象学的方法实际上是"运用这一追溯人的最原初体验的方法如何将我们已经拥有

① 季晓峰:《从意识经验到身体经验——梅洛·庞蒂身体现象学研究》,博士学位论文,华东师范大学,2010年。

② 徐献军:《具身认知论——现象学在认知科学范式转型中的作用》,博士学位论文,浙江大学,2007年;何静:《身体意象与身体图式——具身认知研究》,博士学位论文,浙江大学,2009年。

③ [法]莫里斯·梅洛·庞蒂:《知觉现象学》,姜志辉译,商务印书馆2001年版,第255—256页。

④ Merleau-Ponty, *Phenomenology of Perception*, London:New York:trans. Colin Smith, Routledge, 2002, Preface. xxii.

⑤ 刘良华:《"身体教育学"的沦陷与复兴》,《西北师范大学学报》(社会科学版)2006年第3期。

⑥ 王坤庆:《教育学史论纲》,湖北教育出版社2000年版,第186页。

的成见、概念、理论、看法等悬置起来，而先去获取未经反思的生活体验，然后再来反思"① 的方法，因此，范梅南继承的仍然是从胡塞尔以来的现象学传统，强调的是"回到原点"和"回到事物本身"的价值。不过，在范梅南的观念中，现象学的教育学体现的是一种"生活实践的取向"，"关注的是学生和教师的种种生活体验，并从中获取有益的反思，从而形成一种特有的教育机制和对具体教育情境的敏感性"。② 也就是说，现象学的教育学与其说是为了寻求教育的哲学性前提，不如说是为了提高教师的实践智慧，让教师通过对教育的现象保持一定距离而获得对生活和教育的意义的更完全的把握，李树英因此称范梅南的这种教育现象学为"做"现象学。

事实上，现象学所提出的研究路径本身乃是一种指向生活和实践的研究路径，它要突破人们的固化思维，并借以揭示人类精神世界和实践领域的奥秘，因此，现象学研究究竟是应该指向当下的具体的实践，还是指向人类的普遍性行为，或是在历史中所展开的事实，我认为，这并不重要，重要的乃是如何把握原初现象，达成对人类的偏见最大限度的反思与摒弃。

总的来说，现象学和教育现象学强调的核心命题是要把握事物原初的现象（人原初的意识和行为、体验、存在的起点等），故而现象学和教育现象学都强调"悬置"和"还原"的思维方式。不过，对于如何回到原初现象、回到何种原初现象并没有一个统一的答案，文本阐释学、语言分析学、文化分析学等多种分支都对此做出有益的探讨。如果我们勉强需要为教育现象学下一个定义的话，我觉得可以这样来概括：教育现象学乃是利用现象学的方法把握教育中的原初现象，对教育中的人的意识和行为进行分析与研究的学问。

三　现象学方法在古希腊体育研究中使用的可能性

（一）古希腊体育的研究

本书所要着手分析的是古希腊体育的起源及其发展问题。

---

① 李树英：《教育现象学：一门新型的教育学——访教育现象学国际大师马克思·范梅南教授》，《开放教育研究》2005 年第 6 期。

② 同上。

　　古希腊是西方文化的源头之一，其文化特性也成为构成后来中西方文化差异的主要原因之一。而古希腊时期的体育也被认为是后来西方体育的源头，且其特性也成了中西方体育差异的原因。比如，陈村富认为，希腊人的体育具有其独特性，它们是"固定地点举行的、周期性的多种竞技会，其典范就是每四年一次的奥林匹亚竞技会"①；史蒂芬·G. 米勒（Stephen G. Miller）也认为，与埃及和美索不达米亚的（东方）体育相比，古希腊体育中存在个体之间的平等竞争，并且在众多体育赛会中还伴有其他一系列的重大事件，体育竞赛者还不着衣（裸体）竞技②，这些在前两地区的体育中都是没有的。

　　此外，古希腊体育的独特性与古希腊政治文化生活的独特性也似乎存在某种程度的契合。这种契合是源于某种巧合，还是由于文化思想发展的必然性使然呢？这些都需要通过对古希腊体育进行深入的探讨才能得到答案。

　　本书所探讨的时间范围，主要是古希腊的"轴心时期"，这个时期是古希腊文化具有典型性和独特性的阶段，并且被认为是后世西方文明的一个源头。不过，为了深入分析这一文化内在的原因，研究还将追溯到在这之前的希腊远古时期，正是在这一时期孕育着希腊文化和体育的原初形态，是希腊文明真正的起源。③ 按照洪涛博士的说法，古希腊喷涌而出的精神创造力正来源于古希腊人"对起源的理智自觉或自省"④，而其在古典时期的文化和哲学"不应被看作起源本身，而应被看作对起源的追忆"，古希腊精神的起源应追溯到更远的时候，

---

①　陈村富：《古希腊奥林匹亚赛会考》，《浙江大学学报》（人文社会科学版）2008 年第 3 期，第 5 页。

②　Stephen G. Miller, *Ancient Greek Athletics*, New Haven and Londen：Yale University Press, 2004, p. 20.

③　"轴心时期"一般是指公元前 800 年到公元前 200 年，但当我们追溯到古希腊远古时期时，则可以追溯到公元前 2000 年左右开始的米诺斯文明和接下来的迈锡尼文明，甚至还可以回溯到更远。

④　洪涛：《逻各斯与空间——古代希腊政治哲学研究》，上海人民出版社 1998 年版，第 3 页。

追溯到"人之为人之理被自觉的那一'刹那'"①，为此，洪涛借鉴人类学者维柯在《新科学》中建立的"林间隙地"模式，以远古希腊宗教的空间模式为基础，建构了古希腊从神话到哲学的一以贯之的思维原型，以此作为古希腊政治哲学的基础。张汝伦称其"对本原进行思考"②，毕会成称其找到了"希腊古史研究的另一种可能"。③ 故而洪涛的研究提醒我们对希腊古史研究的必要性，也为本书提供了一种古希腊研究的角度。

体育是"育体的身体运动方式"④，研究古希腊体育正是要基于现象学视角，探求在古希腊时期这种育体的身体运动方式的起源和发展。本书将围绕古希腊体育展现的各种意识和行为，还原古希腊体育的现象本身，追溯古希腊体育发展的原点，以期发现其起源的原型结构。

当然，我们对"体育"的"界定"，其实也难逃现代思维的窠臼，不过，此处的界定其实只想表明我们研究探讨的这种活动的最起码的范围，其本身不能穷尽古希腊体育的内涵。所以，当本书回到古希腊具体的情境中时，并不受这一界定本身的限制。

（二）神话、考古、哲学与理解和解释的可能性

考古提供事实，但不能提供意义；神话创造意义，但需要论证；哲学解释意义，但有其存在思想的源流。这三者提供了三种不同的语言模式，即无声语言、形象语言和理性语言。

葛利斯沃德在分析柏拉图的《裴德若》篇时，论证了柏拉图如何结合神话和哲学，通过由神话走向辩证法的方法来实现一种对话和解释的可能性问题。他认为，神话"乃是对属人的（human）经验的复

---

① 洪涛：《逻各斯与空间——古代希腊政治哲学研究》，上海人民出版社 1998 年版，第 3—4 页。

② 同上书，序第 4 页。

③ 毕会成：《林间隙地：希腊古史研究的另一种可能》，《书屋》2006 年第 8 期，第 26 页。

④ 樊杰：《古希腊体育的哲学意蕴探析》，硕士学位论文，湖南师范大学，2008 年。

杂镜照"①,"在此镜照中,人们不仅能够认识到他们是谁,而且能够认识到,在最好的情形下,他们可能会变成谁",其价值就是"通过不断地将描述感觉经验的语言,颠转为感觉不能接近的对象(比如天外存在、灵魂),神话保持着与我们的日常性自我理解的联系"。② 在葛利斯沃德看来,神话具有一种日常化、个人化的体知(embodied)性特点,故而其提供的价值更属于一种整全性的价值。但是,神话"缺乏反思性与自我意识",也"缺少哲学的自制与冷静"③,因此,神话必须走向自我认识的辩证法。葛利斯沃德以此来理解柏拉图在《裴德若》中同时采用神话和哲学的方法论证的用意。对此,我们也可以用来理解古希腊从神话发展到哲学的这一思维脉络的必然性。

赵林曾经提出,"希腊哲学与更为古老的希腊神话有着密切的内在联系,它的最初思想都是从神话中提炼出来的"④,他探讨了古代希腊神话和宗教背后的象征性表达与古希腊哲学发展的抽象性表达之间的联系及其发展脉络。对这种内在联系进行阐释的还有韦尔南,他大量分析了希腊神话中的概念与希腊理性精神之间的内在联系。⑤ 由此可见,神话和哲学分别从不同的维度反映了人们观念中的真实性,而从神话到哲学过程也呈现了一条了解古代思想和解释古代思想的研究进路。

然而,神话不仅仅只是体现了观念上的真实性,而且还可能在很大程度上显现出历史本来的面貌。王以欣认为,神话可能反映一定程度的历史,同时也可能反映当时社会的一定要求。同样,艾伦·赫丽

---

① 葛利斯沃德:《〈裴德若〉中神话与对话的统一》,张文涛译,载刘小枫、陈少明主编《赫尔墨斯的计谋》,华夏出版社 2005 年版,第 89 页。

② 同上书,第 95 页。

③ 同上书,第 100 页。

④ 赵林:《论希腊哲学的神话渊源》,《学术月刊》1999 年第 4 期,第 46 页。

⑤ 对于如何理性地分析文本达成一种较为客观的理解,让·皮埃尔·韦尔南提供了一种"结构性分析方法",指"一种没有任何指示特征的叙事和情节,当人们观察文本如何编织,符号学领地如何被分裂时,就会明白,在文本之下并通过文本,有某种东西真的属于知性的……范围"。参见 [法] 让·皮埃尔·韦尔南《古希腊的神话与宗教》,生活·读书·新知三联书店 2001 年版。注:韦尔南又被译为维尔南。

生、弗雷泽等古典学者着重探索的是神话所反映的仪式学的真实。这些研究提醒了我们在研究古代历史时，对古人遗留下的各种资料抱有虔敬之心是很有必要的，尤其对于他们所深信的神话故事传说，要慎之又慎。对于古希腊人来说，神话和传说都是真实的。伊索克拉底曾经试图用神话传说强调雅典的功绩与地位。① 研究古希腊历史的耶鲁大学唐纳德·柯根（Donald Kagan）教授对学生说，历史学研究的最高境界乃是"higher naive"（高级的天真）②，即一种非盲目的相信，一种愿意相信同时也愿意介入理性思考的态度，在他的课堂中，他给出了后来学者根据古代传说找到迈锡尼和特洛伊遗址以及阿波罗神庙地下蒸汽的典故。

在对古代文化研究的过程中，考古学是必不可少的，然而，仅有其无声的语言还不足以解释文化意义的发生。因而，考古学应该结合神话学和哲学，这样才能提供一种多维度的解释视角，达成一种对古代文化现象的较完备的理解和解释，来还原这种文化现象本身。本书所尝试的正是通过对古希腊考古、神话和哲学这三类语言的分析来还原古希腊体育，让古希腊体育之源流更为立体地显现出来。

第四节　文献综述

本书在研究过程中，涉及一些不同的领域和不同的主题，因此，在进行文献综述时，主要进行了以下几个方面的研究工作：为了探讨古希腊体育与公共生活的联系而进行对公共空间研究成果的综述；为

---

① 罗念生：《罗念生全集》第六卷，上海人民出版社 2004 年版，第 236—237 页。伊索克拉底在其演讲词中引用了古希腊的传说，即赫拉克勒斯的子孙在逃离欧律斯透斯的进攻时，曾经向雅典求援，雅典人打败了欧律斯透斯的军队，从而使赫拉克勒斯的儿子们——后来斯巴达人的祖先——获得自由。伊索克拉底引用这个传说，是为了强调雅典相对于斯巴达的优势地位。

② 对此我们是否可以理解为带有批判力的相信？参见耶鲁大学唐纳德·柯根《"古希腊历史简介"公开课课程系列讲座》，http：//yyets. com/showresource – juji – 560. html，2011年 4 月 12 日。

了探讨体育对于个体发展的意味而进行对身体之意义、体育与身体关系以及体育与教化关系的研究成果的综述；为了探讨古希腊体育的特点而进行对体育文化、古希腊社会文化背景和古希腊体育研究成果的综述。

一　关于中西方体育文化的比较研究

对中西方体育文化的比较研究是了解当前社会文化心理的一个重要途径。国内研究大都认为，中西方的体育文化存在较大区别。白真、王悦从中国和古希腊古代社会制度、宗教祭祀、哲学特性、地理特点等方面分析了两个古代文化产生体育差异性的原因，但是，作者对于导致体育差异的宗教文化之差异仍然存有疑问[①]；万发达、万发强分析了中国体育文化强调伦理与养生，而古希腊则强调竞争和追求个体人格[②]；朱君、郑雪荣、秦华提到中国体育文化的"天人合一""身心和谐"与西方体育文化的天人对立、人与自然区分、身心二元对立等特点的差异[③]；王斌、梁同福、冯胜兰、张杰、崔江分析了儒道佛的文化传统对我国体育的内在影响，其结论基本肯定我国传统体育文化是一种基于"天人合一"观和事功性价值的以柔静精神和养生观为主要特征的文化[④]；等等。所有这些体育文化的比较研究都表明了研究者试图更深层次地了解本土和国外体育及文化特点的用心。西方体育的个体性和竞技性明显较中国传统体育强，不过，这是否表明西方的体育不追求终极价值（比如"道"）、不注重身心和人与自然和谐呢？对于这一问题不能简单地下结论，而需要依靠深入的文化分

---

① 白真、王悦：《"中""希"体育文化特点形成因素之比较研究》，《贵州体育科技》2004年第1期。

② 万发达、万发强：《中国传统体育与西方体育的文化比较》，《河北体育学院学报》2005年第12期。

③ 朱君、郑雪荣：《从中西文化的对比中探究体育的差异》，《体育世界》2006年第7期；秦华：《中西方体育文化之比较研究》，《搏击·武术科学》2007年第9期。

④ 王斌：《礼文化对中国传统体育发展的影响》，《上海体育学院学报》2004年第10期；梁同福：《论儒家文化与中国古代体育文化的范成》，《中国体育科技》2008年第4期；冯胜兰：《道家思想对体育文化的双重价值影响》，《搏击·武术科学》2008年第8期；张杰：《中国体育文化心理寻根》，《首都体育学院学报》2005年第7期；崔江：《中国传统体育文化分析》，《中山大学学报论丛》2005年第3期。

析，谨慎地判断，并且还需要大量的原始资料来论证。

二　关于公共空间研究

在阿伦特的思想中，公共空间是一个由人们透过言语及行动（speech and act, or speech – act）展现自我，并进行协力活动（act in concert）的领域。公共空间体现着"公共性"，所有人都能在这一体现"公共性"的空间中相互联系又相互区别，并借此超越自身生命，并经由它达到永恒性。① 王宝霞在分析阿伦特的思想时说："公共领域的'公共'一词表明了世界本身……充满着人类纷繁复杂事物……呈现人们生存的关系域和意义域。"②

哈贝马斯也肯定公共空间中人与人之间的共通性和永恒性，不过，他似乎更强调公共空间在历史（强调公共领域是在资本主义社会的历史形态之中）和制度性领域（强调公共领域乃是介于公共权力和私人领域之间的中间地带）中如何体现，因此，这样的公共空间与其说是哲学性的，不如说是政治性的。③ 在哈贝马斯那里，公共空间是一个讲坛，在这里，市民就他们的公共事务进行协商，进而引起话语之间的相互作用。萧瑟认为，哈贝马斯的"公共空间"是一个社会生活领域，在那里，人们可以对他们所关心的问题进行自由的、平等的、理智的讨论，而不必受制于政治权力、习惯势力和传统观念。④

阿伦特和哈贝马斯在对公共空间的理解之中都强调公共的生活方式的意义，然而，他们谈论的还是两个不同层次的问题，阿伦特更强

---

① 王玲、申恒胜：《"公共领域"之系谱考察》，《学习与实践》2007 年第 11 期，第 144 页。

② 王宝霞：《阿伦特的"公共领域"概念及其影响》，《山东社会科学》2007 年第 1 期。

③ 焦文峰在分析哈贝马斯的观点并论述公共领域如何发生时，提到资本主义市民社会的形成，以及市民对于自己乃是公共权力对立面的自觉意识，使在他们中形成了独特的对于公共权力进行讨论（批判）的领域，这就是公共领域的起源。由此看来，哈贝马斯所指出的严格意义上的公共领域乃是特定历史的产物，其有别于由于人与人之间的"公共性"而自然形成的公共空间，而是一种围绕着人为的权力体制而进行的社会参与活动。参见焦文峰《哈贝马斯的公共领域理论述评》，《江苏社会科学》2000 年第 4 期。

④ 萧瑟：《布尔特曼和哈贝马斯》，《读书》1996 年第 10 期。

调人性之普适性意义以及形成的"公共性",而哈贝马斯则更强调现代文明中的权力形态和话语空间。

对于古希腊体育与公共空间的探讨,目前的研究主要集中在探讨古希腊体育形式(如赛会、体育馆等)展开何种公共生活空间及其提供何种公共生活样式这一角度,比如,古希腊奥林匹亚竞技会上公民如何作为及其所形成的城邦之间的格局①、奥林匹亚竞技会何以作为一种哈贝马斯意义上的"公共领域"②、古希腊公共生活空间(宗教、体育、戏剧等)与民主政治之间的双向关系③,等等。对于古希腊的公共空间究竟是如何形成的,即古希腊公共空间的"公共性"究竟是什么则缺少深入的探讨,只有王邵励在对奥林匹亚竞技会的历史考察中对宗教、德行("阿瑞忒"精神)略有提及。④ 事实上,倘若缺乏对"公共性"何以成为"公共性"(阿伦特式的问题)的探讨,而仅仅停留在具体的公共生活领域则很可能对古希腊体育的理解会出现片段式的断裂,对其与古希腊公共空间以及民主政治的关系的认识也很可能不够全面。

洪涛在《逻各斯与空间——古代希腊政治哲学研究》⑤ 一书中分析了古希腊的逻各斯与空间的关系,并且引用了古希腊哲学家赫拉克利特的观点,认为空间的敞开需要共同的逻各斯。逻各斯的意思是话语,洪涛认为,原初的逻各斯来自神的话语,并通过诗歌、哲学的话语形式表达出来。洪涛认为,只有当逻各斯进入空间时,空间才能够敞开。因此,在洪涛的观点里,真正的空间是与逻各斯分不开的。洪涛的观点为我们提供了寻找古希腊公共空间的起点的一种路径。

---

① 岳志强、王邵励:《试析古希腊奥林匹亚公祭竞技会上的公民作为》,《社会科学战线》2008 年第 4 期;王邵励:《泛希腊公共空间的"一体多元"特征:由奥林匹亚公祭竞技会管窥》,《东北师范大学学报》(哲学社会科学版)2008 年第 3 期。

② 于华:《从宗教节日到体育盛会——从公共空间视角对古代奥林匹亚竞技会的再解读》,《成都体育学院学报》2008 年第 10 期。

③ 黄洋:《希腊城邦的公共空间与政治文化》,《历史研究》2001 年第 5 期。

④ 王邵励:《奥林匹亚公祭竞技会的勃兴背景:一项历史学的综合考察》,《世界历史》2008 年第 6 期。

⑤ 洪涛:《逻各斯与空间——古代希腊政治哲学研究》,上海人民出版社 1998 年版。

三 关于身体哲学研究

身体存在何处？身体活动关乎选择吗？选择关乎意义和权力吗？尼采、海德格尔、福柯、德勒兹、哈贝马斯等一大批哲学家对身体、意义、权力、话语等哲学论题展开了深刻论述。[①] 弗兰克·萨洛（Frank Schalow）分析了海德格尔对作为存在的身体的丰富含义的论述[②]，萨缪尔·托德斯（Samuel Todes）从哲学角度考虑了身体和世界的关系，并对相关哲学家的观点进行了剖析。[③] 梅洛·庞蒂关于身体的哲学研究非常具有启示性，他继承了胡塞尔、海德格尔的现象学传统，开创了身体现象学，并开启了"具身"（Embodied）的研究领域。[④] 这些哲学家视野中的身体不仅仅是作为物质和单纯机体组织的事物。

刘小枫用文学性的分析表明肉身乃是蕴含着沉重的个体伦理和意识形态的特点，并体现着个体生命意义的选择这一根本性的不可回避的问题；[⑤] 中国台湾学者黄金鳞从身体角度切入对历史和国家的政治性的思考，用以折射和反思中国现代化的进程，为在现代化背景中国人的生存状态提供了一个反思的角度[⑥]；由黄东兰主编的《身体、心

---

① 在这篇文章中，作者指出，海德格尔对于身体的强调从来不是单独进行的，而是放在意义的语境之中进行的。参见王珏《大地式的存在——海德格尔哲学中的身体问题初探》，《世界哲学》2009 年第 5 期。汪民安从哲学角度悉数分析了尼采、福柯、哈贝马斯、德勒兹等的身体观，并探讨了在这些哲学家所创造的平面化的世界和空间中身体话语意义转变这一过程，身体原有的本质性的神圣性的内涵在现代社会中被削减，身体在权力和政治维度的话语模式中，在个人身体性和集体意识形态之中被拉扯，这一点构成了汪民安所说的"后现代性"的基本背景。参见汪民安《身体、空间与后现代性》，江苏人民出版社 2006 年版。

② Frank Schalow, *The Incarnality of Being：The Earth, Animals and the Body in Heidegger's Thought*, Albany：State University of New York Press，2006.

③ Samuel Todes, *Body and World*, Massachusetts：The MIT Press，2001.

④ 目前，国内有多篇博士学位论文肯定了其思想的重要性。参见季晓峰：《从意识经验到身体经验——梅洛·庞蒂身体现象学研究》，博士学位论文，华东师范大学，2010 年；徐献军：《具身（Embodied cognition）认知论——现象学在认知科学范式转型中的作用》，博士学位论文，浙江大学，2007 年；何静：《身体意象与身体图式——具身认知研究》，博士学位论文，浙江大学，2009 年。

⑤ 刘小枫：《沉重的肉身：现代性伦理的叙事纬语》，华夏出版社 2004 年版。

⑥ 黄金鳞：《历史、身体、国家——近代中国的身体形成（1895—1937）》，新星出版社 2006 年版。

性、权力》一书则将身体放在社会史中间分析了三者的关系①；而王业伟、赵国新所做的翻译努力，则将安德鲁·斯特拉桑关于西方人（欧洲人和梅拉尼西亚人）的身体观念和身体实践带给我们，让我们透过身体的表现认识他所描述的西方人的心灵世界。②

所有这些研究都为我们思考体育中身体的参与性提供了一种研究视角，体育是与身体的参与性直接相关的，而身体的参与性又不能摆脱意义的参与，成为一种确然的"沉重的肉身"，在这种情况下，体育也不可能脱离意义情境来单独谈肉体的活动状态，这一点也是体育研究过程中需要认真思考的。

在现有的思考体育与身体关联的研究中，德国体育史学家格尔特鲁德·普菲斯特强调身体体育史研究，并提到埃利亚斯的文明化理论以及福考尔特的身体的政治理论。③ 赵岷等从身体理论视角出发系统地梳理了身体、体育与文化（教化）的关系，并指出，作为身体教育的体育，乃是达到理性与感性的共存共荣。④ 谢光前等指出，对身体的宽容和理解与体育的兴衰是息息相关的⑤，并且体育乃是一种给予生命整体性的身体叙事，体现着对人类未来的终极关怀⑥，而古希腊体育的意义还在于唤醒了人的身体意识，并使之达到了教化的价值。⑦

四　关于体育和教化关系研究

近些年来教育界谈论教化问题一直试图重新挖掘教化与生命内在

---

① 黄东兰：《身体、心性、权力》，浙江人民出版社 2005 年版。

② 安德鲁·斯特拉桑：《身体思想》，春风文艺出版社 1999 年版。

③ ［德］格尔特鲁德·普菲斯特：《国际体育史研究的现状、问题的前景》，刘岳冶编译，《体育科学》1997 年第 1 期。

④ 赵岷：《身体·体育·文化》，博士学位论文，苏州大学，2007 年；赵岷、许国宝、李翠霞：《由教化身体走向解放身体——体育教育的 21 世纪猜想》，《武汉体育学院学报》2007 年第 10 期；张志勇、程卫波：《运动员身体的文化解读》，《体育与科学》2011 年第 1 期。

⑤ 谢光前、陈海波：《体育之兴衰与身体解放》，《江南大学学报》（人文社会科学版）2006 年第 8 期。

⑥ 谢光前、陈海波：《论体育运动中的身体叙事》，《武汉体育学院学报》2008 年第 2 期。

⑦ 谢光前：《古希腊体育与身体意识的觉醒》，《体育学刊》2006 年第 3 期。

发展的关联，这体现在大量的对教育基本原理、课程与教学观等领域的理论性探讨之中①，同时也体现在基于生命存在特性探讨教化的可能性及其实践模式的一些具体研究中。② 然而，对于教化的探讨，目前，国内教育界普遍重视礼乐教化和知识教化的意义，对于体育的教化意义则论述较少。③ 对中国古代体育（比如射箭）的教化意义，往往也是在礼仪人伦的基础之上来谈论的④（不过，对武术的教化意义的研究倒是例外。目前，国内对于中华传统武术价值的探讨，显示出武术对于个体生命的人格发展和心灵追求具有很大价值⑤，这一问题还有待进一步探索）。对于古希腊的教化研究，往往也强调知识和理性的教化价值，却忽略了体育与身体的教化价值，而对于哲学家的教

① 比如，刘铁芳对于中国人生命发展双重问题的理解及其教化途径的探索，参见刘铁芳《生命问题的累积：当代中国社会道德教化问题的整体反思》，《教育理论与实践》2005年第5期；刘铁芳：《从理想主义到经验主义——试论传统道德教化价值目标的现代性转向》，《伦理学研究》2004年第2期。

比如，郝志军强调教学追求时提到的教化，就是指培养能够将知识转化成生命和生活的"受过教育的人"以及具有理性批判和自我反省能力的人。参见郝志军《教学文化的价值追求：达成教化与养成智慧》，《教育研究》2008年第4期。

比如，郭晓明将教化放在"意义关系"和"成人"目的的视野中，并以此重新重建课程知识观，使知识和"人"得以相遇。参见郭晓明《知识与教化：课程知识观的重建》，《华东师范大学学报》（教育科学版）2003年第6期。

② 比如，论述敬畏之心对道德教化的意义在于其能提供道德的洞见和启示而不是系统的道德知识。参见薛晓阳《论虚无、敬畏与教化》，《现代大学教育》2008年第5期。

比如，论述希望之于教化的意义所在。参见薛晓阳《希望哲学与精神教化》，《教育理论与实践》2004年第15期。

比如，对儿童的"爱"和"公正"本能所形成的道德逻辑及教化的可能性的探讨。参见郭文良《儿童道德的"深层语法"与"道德教化"》，《教育学术月刊》2009年第9期。

对国外科学教育和人文社会教育结合的教化方式"STS"课程的介绍。参见杨明全《知识与教化：中学STS课程的价值解析》，《全球教育展望》2008年第6期。

③ 当然，也有从游戏的探讨教化意义的，这接近于体育，不过与体育的教化意义仍有所不同。如孙玮：《竞技中"游戏精神"的遮蔽及其教化》，《体育科学》2011年第1期。

④ 参见吕利平、郭成杰《论先秦儒家礼乐教育中的体育观》，《成都体育学院学报》2006年第6期；郑军：《论先秦乡射礼仪式展示的道德人格教育范式》，《现代语文》（文学研究版）2009年第7期；马廉祯：《中国射箭：继承与新生》，《搏击》2010年第8期；靳晓东、赵洁：《古代乡射礼的教化功能》，《西安航空技术高等专科学校学报》2010年第7期。

⑤ 参见王岗《中国武术：一种追求教化的文化》，《体育文化导刊》2007年第3期；汤丽英、姚灿国、廖勇胜：《中国习道武者的儒道人格特征探析》，《赤峰学院学报》（自然科学版）2008年第9期；赵洪志：《重视武术的教化作用》，《精武》2008年第7期。

化思想的探讨，往往也忽略了在他们观念中身体和体育的地位。① 有两篇文章提及古希腊人的身体与教化的关系，并从医学角度分析了作为"自然"（physis）的身体对于人之发展的意义②，但是，尚未触及作为自然的身体的另一重要体现——体育——的问题。这一系列的研究表明，在我国目前的教育研究领域，对于体育研究实在是极为忽视的，这其中可能需要一些根本性的观念转变。

如果身体确然与生命意义相关，那么身体的活动方式问题就构成了一个关涉生命内在发展的问题。因此，从最新的教化理论关注生命内在发展的这一方向来说，以体育作为一个新的研究领域，将意味着教化理论的一种突破，探讨体育对于生命发展的内在价值而不是外在价值（比如基于外在规范性的礼仪训练）则成为体育教化中亟待研究的非常重要的问题。

五 关于古希腊社会文化背景研究

了解古希腊的社会文化背景，是把握古希腊体育和教化现象的一个前提。目前，该类型的资料主要有：①古希腊典籍和后来的考古考据工作所提供的一手资料，比如《荷马史诗》，希罗多德和修昔底德的史料记载，经典哲学著作，近代对特洛伊、迈锡尼等文明的考古发掘等；②近现代对古希腊的宗教学、文化学、政治学、哲学、人类学等的经典研究，如英国学者赫丽生对古希腊社会宗教起源的研究、英国学者弗雷泽关于古代巫术的人类学分析以及古希腊原始族群发展的

---

① 《教育研究》杂志中一篇探索古希腊教育思想原创性的文章，也没有提及体育。参见杨冰、王凌皓《古希腊教育思想学术原创性评析》，《教育研究》2010 年第 3 期。

一般对古希腊教化问题的研究都非常强调知识（哲学）以及灵魂转向对于德行形成的意义，这一点当然是十分重要的，也的确是教化的最核心问题，不过可惜的是，这一方面缺少了对于体育与德行及教化关系的关注。参见金生鈜《德性与教化——从苏格拉底到尼采：西方道德教育哲学思想研究》，湖南大学出版社 2003 年版；金生鈜：《德性教化乃心灵转向——解读柏拉图的德性教化理念》，《湖南师范大学教育科学学报》2002 年第 6 期；武卉昕：《苏格拉底之德性的教化》，《兰州学刊》2006 年第 7 期。

② 杜丽燕以智者和医者"希波克拉底"为例来进行分析，探讨医学之于人之实在整体的关系；张轩辞则是从古希腊医学和哲学的相互影响来谈身体与灵魂的发展。参见杜丽燕《智者的教化和希腊哲学的转向》，《求是学刊》2006 年第 3 期；张轩辞：《身体的医术与灵魂的医术——论古希腊医学与哲学的相互影响》，《现代哲学》2009 年第 5 期。

语言学和人类学研究、法国学者韦尔南对于古希腊的心理思维方式的人类学心理学研究、施特劳斯对古希腊政治哲学的研究等；③其他大量对古希腊事物的研究和著述。

国内学者对古希腊的研究也非常丰富。刘小枫等主编的《经典与解释》丛书，内容涉及大量对古希腊哲学经典的解释以及近现代的最新研究成果。对于古希腊政治和历史的考察，从顾准对古希腊政治制度的研究开始，到洪涛对于古希腊逻各斯与空间的研究，理论研究出现了很多突破。国内一些学者对于古希腊哲学家思想家的理解也是值得借鉴的。谢文郁对柏拉图关于理性认识论和信念认识论的分析，能够使人从多个角度了解柏拉图思想的深刻性，不至于坠入理性主义的误区①；赵汀阳则指出，在柏拉图的思想中理想和现实最好的政治之间存在矛盾和紧张。② 所有这些研究提醒我们，古希腊遗留给我们的宝藏是丰富而且复杂的，需要细致的分析和理解，不能草率地得出结论。

六 关于古希腊体育研究

目前，国外研究古希腊体育的一位重要的古典学者是史蒂芬·G. 米勒，他向人们展示了古希腊体育的两本一手资料，一本 *Ancient Greek Athletics* 呈现最新的古希腊体育考古成果，另一本 *Arête* 列举了与古希腊体育有关的原始文本，似乎试图呈现古希腊体育的语境。米勒的用心可能是从事实和意义两个角度来揭示古希腊体育的内涵。不过，遗憾的是，他并未对古希腊体育的各种事实和意义背景展开分析；他根据"arête"③ 这一古希腊基本价值选取相关的原始文本材料，但他却并未分析这些材料是如何体现"arête"的，也并未探讨"arête"究竟是什么以及其如何出现。国内古典学者王以欣也有著述来分析古希腊的神话与竞技的关系，他的著作中有丰富的历史和考古

---

① 谢文郁：《信仰和理性：一种认识论的分析》，《山东大学学报》（哲学社会科学版）2008 年第 3 期。
② 赵汀阳：《最好的国家或者不可能的国家》，《世界哲学》2008 年第 1 期。
③ "arête"：国内一般意译为德性、德行、卓越等，音译为阿瑞忒、阿蕾特等。对该词的阐释，本书后面会不断进行。

材料。不过，他并未向人们揭示古希腊体育是否存在某种一以贯之的
内涵。除此之外，唐纳德·G. 基尔（Donald G. Kyle）在丰富的文化
比较学知识背景中对古希腊体育进行分析，简·艾伦·赫丽生、戴
维·桑森（David Sansone）都在极具个性化的宗教理解背景中解读古
希腊体育；法国学者瓦诺耶克的《古希腊罗马体育及奥林匹亚运动的
起源》较为详细地描述了古希腊体育的运动和竞赛，也是一本重要的
参考资料。

　　近几年，国内对于奥林匹亚竞技会和古希腊的体育与竞技的分析
和探索也逐渐多起来，有几篇硕士学位论文都涉及这一方面的研究。
如《泛希腊节庆与古典城邦政治文化——以奥林匹亚节为中心的分
析》《论古希腊文学中的奥林匹亚精神》《古希腊神话传说之蕴与奥
林匹亚竞技会之源》等。除此之外，还有大量的文章探讨诸如古希腊
奥林匹亚竞技会的哲学根基、文化特点等①，但是，这一类型的理解
有很多是简单地进行文化比较，还存在相当大程度的误区。② 另外，
还有一些文章探讨了古希腊体育和育人的关系，但是，对于古希腊体
育何以育人、育何种人等问题，没有进行更深入的挖掘。③ 不过，国

---

　　① 戚海燕、吴长法：《古代中西方文化教育的"源"差异之比较》，《学术界》2010
年第 8 期。
　　② 杜俊娟认为，古希腊人理解的生命的外在动力是外来的，而中国古代基于"气"的
理解则表明生命的动力是内在的；古代中国体育追求的是智慧和技艺的并存，而古希腊并
不追求精神内涵。这一类型的理解在逻辑上是存在漏洞的。倘若古希腊的体育真的只是追
寻外在的动力，这一外在的动力如何使个体生命行动呢？古希腊人追求身体四肢的能力发
展而不是类似中国的武术，这就表明古希腊人不寻求智慧吗？此外，蔡艺认为，中西方体
育文化的主要差异来源于人与自然的不同关系而形成的"天人合一"和"天人二分"的观
念，不过，在他的文章中，"自然"是现代意义上的概念，而不是古希腊意义上的"自然"
观，因此，在此基础上得出的观点也是需要斟酌的。参见杜俊娟《中国传统体育文化观与
奥林匹亚文化观比较研究》，《首都体育学院学报》2009 年第 1 期；蔡艺：《神话自然观与中
西体育文化差异》，《河北体育学院学报》2011 年第 1 期。
　　③ 何涛：《试论奥林匹亚的"育人"思想》，《山西师大体育学院学报》2010 年第 4
期；刘欣然、蒲娟、黄玲、洪晓彬、姚立兵：《古希腊城邦体育运动的文化探析》，《西安体
育学院学报》2009 年第 9 期；王珊：《古希腊体育文明解读》，《山西师大体育学院学报》
2010 年第 8 期。
　　除以上之外，谢光前提出，奥林匹亚的"神谕"力量使神的理性开启了人的理性，但
他并未指出，这一情况究竟是如何出现的。参见谢光前《奥林匹亚运动与人类理性精神》，
《南京体育学院学报》2003 年第 10 期。

内一些从历史、政治和法学等角度介入古希腊体育和赛会分析的文章则具有较高的学术价值。比如，从公共权力角度分析古希腊奥林匹亚竞技会女性缺席的原因①、从法学角度解读古希腊身体的法权观念②、从政治学角度解读竞技的政治理念③等。④

综上所述，中西方学术界在古希腊体育的相关研究领域有大量可资借鉴的研究成果。不过，在古希腊体育领域仍然缺乏较为系统的研究，对于体育与教化关系的论述也缺少更为具体和深入的探讨。因此，在以上研究的基础上，本书将试图回到古希腊特定的历史文化背景中，重新还原古希腊体育的各种现象，并重新挖掘古希腊体育本身所具有的对人之生命发展的价值，以及其在古希腊公共空间形成过程中的意义所在。

本书试图探究在古希腊文化背景中，是否存在某种一以贯之的古希腊体育和教化合一的起源性的意义原型，这一原型渗透在古希腊体育发展的各种阶段，并影响古希腊个体和群体的发展取向，进而对古希腊教化的信仰、实践和理论产生了某种基础性的影响。

① 赵玉、陈炎：《奥林匹亚运动中的"女性"：告别沉默的"他者"》，《南京大学学报》（哲学·人文科学·社会科学）2008 年第 4 期；王润斌、王群：《古希腊妇女竞技新论》，《南京体育学院学报》2010 年第 2 期。
② 于华：《从身体维度解读隐匿于奥林匹亚运动中的法权理念》，《武汉体育学院学报》2009 年第 3 期。
③ 郎玥：《古代中西方竞技体育中的政治理念》，《体育科学》2011 年第 1 期。
④ 在文献综述中提到但未在脚注中说明的文献，都已经在后面的参考文献中注明，特此说明。

第二章 古希腊的本源性体育与教化空间之起源
——解读古希腊体育起源神话

古希腊体育并不是在我们所熟知的古希腊城邦时期各大赛会（如古奥林匹亚赛会）中突然出现的，在《荷马史诗》中就存在极为详尽的关于体育竞技比赛的描写，这说明古希腊体育有着久远的传统和深厚的文化积淀。现有的考古显示，在多利安人进入希腊地区以及在希腊城邦发展之前，亦即在我们现在了解的古希腊体育样式出现之前，在克里特的遗址和迈锡尼遗址中都发现了类似体育的活动形式。然而，对于这些类似体育的遗迹是否都是（城邦时期）古希腊体育的源头，由于其太过古远，缺乏文字记载，考古资料也十分有限，学术界现在也仍然争议不断。然而，有一点是公认的，即古希腊体育的文化扎根于克里特文明和迈锡尼文明时期，并且可以上溯到古埃及和古亚欧文明。为了弄清楚古希腊体育的起源问题，本书选择通过分析古希腊远古时期流传下来的古希腊体育起源神话，来剖析古希腊体育起源时的基本特征以及其与人之生命发展的关联。

第一节 古希腊体育起源神话概说

一 何为古希腊体育起源神话

神话指的是涉及严肃主题的古传故事，它"被原始先民视为神圣和真实的"，"其主角是神和图腾动物"。① 威廉·巴斯康在对神话的定义中指出，神话"被认为是对遥远古昔事件的真实叙述"，"靠信仰而被接受下来"，"是教义的体现"，主角是"动物、神祇或文化英雄"，能"解释……起源"。② 在研究古史的学者看来，神话、传说和民间故事是不同的。民间故事只是民间编撰的娱乐性故事，容易区别；神话和传说都关涉较为严肃的主题，且被人们认为是真实的；而神话和传说也不相同，威廉·巴斯康认为，传说"更世俗些，而且其主要角色是人"③，反过来说，神话的主角是神灵或神灵的相关者。因此，神话涉及古代信仰的问题，也更具有严肃性和终极性，也就是巴斯康所认为的能够"解释……起源"。由于要用语言来表达终极的事物，因此，神话可能出现日常生活层面难以理解的遥远的和近似荒诞的内容，神话没有在现实和特殊的历史背景中展开，超自然和超现实气氛比较浓厚，其主角是神灵、图腾、超人和英雄，被看作是神圣的，并涉及重大和严肃的问题。④

古希腊体育起源神话指的是古希腊人对体育的起源进行解释而流传下来的古传神话故事。古希腊体育起源神话是关于古希腊人对于体育和其相关现象的一些严肃主题，其以一种非理性言说的方式记录了古希腊体育起源的信仰背景，被古希腊人认为是体育起源的真实历史，并且由远古时期一直流传到后来。

对古希腊体育起源神话的研究，不能直接帮助我们还原古希腊体育在时间层面上的起源事件，但能够帮助我们理解古希腊体育起源的意义背景，以及古希腊体育贯穿始终的起点和原型。

二　古希腊体育起源神话的筛选

古希腊存在大量的与体育相关的神话和传说。现在人们进行查考

---

① 王以欣：《神话与历史——古希腊英雄故事的历史和文化内涵》，商务印书馆2006年版，第85页。
② 威廉·巴斯康：《民间传说的形式》，转引自王以欣《神话与历史——古希腊英雄故事的历史和文化内涵》，商务印书馆2006年版，第90—91页。
③ 同上。
④ 参见王以欣《神话与历史——古希腊英雄故事的历史和文化内涵》，商务印书馆2006年版，第96页。

的依据，主要是公元前 5 世纪诗人品达关于体育竞技的颂歌，公元 2 世纪希腊旅行家波桑尼阿斯（Pausanius）在希腊旅行时记载的各种神话传说和故事、Apollodorus 记载下来的古希腊英雄及传说、普鲁塔克（Plutarch）所写下的传说以及散见在其他古希腊诗歌之中的相关材料。①

然而，这些神话和传说并不都是严格意义上的体育起源神话。本书在选择古希腊体育神话过程中，采取了以下几方面的限制：

第一，古希腊体育的起源神话是从古希腊古代流传下来的，因此，后人所附会的故事不属于其中。比如，古希腊两大著名赛会——尼米亚赛会和地峡赛会——的起源神话中，分别提到它们起源于赫拉克勒斯在尼米亚杀死狮子以及忒修斯在地峡杀死强盗的事迹，不过，这些故事是后来因现实需要而附加上去的。② 因此，这两个起源故事

不足以，成为体育起源神话。古希腊在城邦时期才发展起来的体育运动项目其神话起源故事也是后人附加的，也不属于古希腊体育起源神话，比如，雅典火炬传递赛跑、马拉松、五项全能运动等的神话传说故事。另外，关于古老运动——斗牛——的神话，讲述的是雅典王子忒修斯在米诺斯迷宫中将克里特的公牛怪杀死的故事（参见左图：忒修斯杀死米诺斯牛的瓶画）。该神话可能具有深刻的历

---

① 郑振铎著的《希腊罗马神话》和《希腊神话与英雄传说》，在翻译和撰写时采纳了 Pausanius、Apollodorus、Plutarch 等多人的作品，很具有可考性。古典学者王以欣对其进行了总结和收集，并集撰在其书《神话与竞技》中，也很具有可参考性。本书所说的体育起源神话大都取自这两本书。

② 王以欣谈到，赫拉克勒斯杀死尼米亚狮子的故事"被当作尼米亚赛会创建的起因却是很晚的事情，是罗马时期的学者构拟的结果"；关于地峡赛会，王以欣提到，忒修斯的故事是"雅典人编造的，旨在加强雅典对科林斯地峡的影响"。参见王以欣《神话与历史——古希腊英雄故事的历史和文化内涵》，商务印书馆 2006 年版，第 96、105 页。

史背景，反映了过去斗牛仪式的某些特点。① 然而，该神话有非常具
体的历史背景，它提到斗牛的起因是米诺斯的王子安德罗勾斯（一名
卓越的运动健将）在雅典参加"泛雅典娜赛会"时被雅典王所杀②，
招致了米诺斯的报复，让雅典孩童充当献祭品。然而，克里特文明繁
盛时期，雅典还是很小的城邦，雅典娜节只对雅典公民开放；但凡雅
典娜节可对全希腊开放，但创办于公元前 566 年左右③，其时米诺斯
早已消失了。因此，斗牛神话只是后来雅典人附会的神话，不是克里
特斗牛的真正起源神话。

　　第二，古希腊体育起源神话与神直接相关，不关涉神的故事和传
说不属于古希腊体育起源神话。比如，在《荷马史诗》中出现了很多
在古希腊古风时代以前的考古中没有出现的体育项目，比如跳远、玩
球等，这些项目很可能是古希腊最早的记载，也有可能就是最初起
源，但是，这些项目不涉及神，只涉及人，因此，也不属于古希腊体
育起源神话。相反，古希腊的一些体育项目，如拳击、跳远、摔跤
等，其神话大都与神相关。比如，宙斯之子斯巴达的双生子之一的波
吕丢克斯的拳击故事、宙斯之子赫拉克勒斯的摔跤故事、守护宙斯的
赫拉克勒斯兄弟的赛跑故事等，这些神话故事则可以作为古希腊体育
起源神话的考察范围。

　　第三，古希腊体育起源神话故事须与体育相关。比如，关于骑
马、标枪、射箭之类的活动，这些活动在体育中出现，但也是古代战
争的基本形式，因此，如果这些活动具有战争的目的性，其神话故事
就不作为古希腊体育起源神话的考察范畴。

――――――――――

　　① 王以欣认为，斗牛最初起源于克里特宗教的"祭祀王"再登基仪式，通过显示强大
生命力的具有巫术力量的公牛血，从而获得象征性的新生和新的统治。王以欣：《神话与竞
技――古希腊体育运动与奥林匹亚赛会起源》，天津人民出版社 2006 年版，第 13 页。
　　② 同上书，第 9 页。根据郑振铎所译的《希腊神话与英雄传说》，米诺斯之子是死于
雅典娜竞技会之后收服马拉松山野牛的危险任务中，或者是到底比斯参加为拉伊俄斯举行
的竞技会时被竞争者所杀。参见郑振铎《郑振铎全集》第十八卷，花山文艺出版社 1998 年
版，第 567 页。
　　③ 王以欣：《神话与竞技――古希腊体育运动与奥林匹亚赛会起源》，天津人民出版社
2006 年版，第 114 页。

第四，古希腊体育起源神话的内容关系体育（活动）的起源。古希腊很多体育神话，出现了神灵和明显的体育竞技行为，但是，故事的内容显示，这些体育竞技已经存在既有的体育背景，因而不作为古希腊体育起源神话考虑。比如，关于掷铁（石）饼的神话故事中，有一则是太阳神阿波罗在掷铁（石）饼时砸死了自己的爱人许阿铿托斯，然而，这个故事提到，阿波罗是"仿效斯巴达少年，醉心于竞技场的生活"①，这也就意味着阿波罗所从事的体育活动乃是在人间已经存在的，因此，这种神话并不是试图说明体育起源的。

三　古希腊体育起源神话及其基本类型

通过筛选之后，古希腊体育起源神话大致可以分为两类：一类是竞技会或赛会起源的神话②，另一类是体育项目起源的神话。前者包括古希腊奥林匹亚赛会起源神话、皮提亚赛会起源神话、尼米亚赛会起源神话、地峡赛会起源神话、泛雅典娜赛会起源神话③、赫拉节赛会起源神话、提洛岛赛会起源神话、布劳伦"熊节"神话和"医神节"赛会起源神话；后者包括波吕丢克斯的拳击神话、赫拉克勒斯的摔跤神话、宙斯（或赫拉克勒斯）的跑步神话、珀罗普斯车马赛神话、赫拉克勒斯射箭神话等。

当然，这两类神话故事并不是截然分开的。很多赛会起源神话，其实就是最早的体育项目起源神话，例如，古希腊奥林匹亚赛会起源神话有两个版本：一个是珀罗普斯车马赛故事，另一个是赫拉克勒斯（另一说是宙斯）与其他人赛跑的故事。

以上提到的古希腊赛会的起源神话故事，又大致分为以下几种：

第一种是关于降生的新神的体育起源神话。奥林匹亚赛会两个起源神话中一个是"宙斯"降生神话。瑞亚女神怕天神克洛诺斯吞食婴

---

① 王以欣：《神话与历史——古希腊英雄故事的历史和文化内涵》，商务印书馆2006年版，第168页。

② 准确地说，赛会的起源很难称得上是赛会，因为古希腊体育赛会的最初形式往往是较为简单的竞技比赛。

③ 也有人将"雅典娜"译为"雅典难"，不过译为"雅典娜"更为通用，所以，本书一律译为雅典娜。

儿宙斯神，将他放在地母女神该亚的山洞里，由伊达山的库里特五兄弟照看，其中长兄名赫拉克勒斯，而这五兄弟之间的跑步比赛被称为"奥林匹亚赛会"，即是后来赛会的首创（又一说是宙斯自己创建了赛会）。德国考古学家阿尔弗雷德·马尔维兹和英国剑桥大学卡特琳·摩尔根都指出，奥林匹亚的环境和考古遗迹反映出典型的祭祀天气神的特点①，因此，奥林匹亚竞技起初确实是祭祀宙斯这一降生神灵的。与宙斯的神话相仿，纪念阿波罗的两则赛会神话的神灵也是一个婴儿，并且经过了千难万险才来到世上。据说勒达女神在产下阿波罗和阿尔忒弥斯兄妹时，分娩女神因赫拉女神阻挠迟迟未到，因而阿波罗也拖延良久才降生。皮提亚赛会"据说是为了纪念阿波罗射杀蛇妖皮同，创建德尔斐神庙的功业"②，也有说是阿波罗为了洗清自己的血罪而设；提洛岛的赛会是为了阿波罗神的诞生和功业，据公元前 7世纪的《荷马的阿波罗颂歌》描述："身穿长袍的爱奥尼亚人携妻带子再次聚会把你颂扬，每当他们会聚于此，比赛拳术、跳舞、唱歌，总能让你愉悦"③，诗中的"你"就是宙斯之子太阳神阿波罗。另一则与降生性的神灵有关的体育起源神话是雅典娜的神话。雅典娜是智慧女神和宙斯所生，而雅典娜经历了二次降生，即经历母亲的身体和父亲的智慧孕育。她的母亲在怀孕时被宙斯吞下，而她则全副武装从宙斯头脑中降生出来。雅典人尊崇雅典娜，而雅典娜节的创立者为雅典始祖国王厄里克桑尼乌斯。据说，火神、冶炼神赫淮斯托斯见到雅典娜欲火中烧，预谋不轨未得逞，精液使地母受孕，生出了蛇身的厄里克桑尼乌斯，雅典娜是其养母。④ 这样几则起源神话中的神灵都是历经艰难而降生的。

第二种是关于婴儿葬礼。古希腊两大有名的体育赛会起源神话——尼米亚赛会和地峡赛会——似乎都与婴儿葬礼竞技有关。尼米

① 转引自王以欣《神话与竞技——古希腊体育运动与奥林匹亚赛会起源》，天津人民出版社 2006 年版，第 45—46 页。
② 同上书，第 83 页。
③ 同上书，第 136 页。
④ 同上书，第 113—114 页。

亚赛会起源神话说的是忒拜七雄到尼米亚时，婴孩奥菲尔特斯的保姆带七雄取水，而放在地上的婴孩被大蛇咬死，七雄为这婴孩举办葬礼竞技会，并预言这一竞技会将会每年举办一次，而且将会成为希腊四大"神圣竞技"之一。① 地峡赛会起源神话说的是额尔科墨诺斯国王阿塔玛斯的第二任妻子（亦是酒神的姨母），因长子被父所杀，而携幼子墨利克尔特斯跳海，婴孩尸体为其叔叔找到，并"为他准备了一次壮丽的葬后竞技会"②，又及，"儿子的尸体被一条海豚推上科林斯地峡的岸边，墨利克尔特斯遂或敬奉，以后就更名为帕莱蒙，其祭礼包括举办地峡赛会"。③

第三种是关于女神及其神兽。赫拉节赛会在奥林匹亚和阿尔戈斯等地都有举行，目的是纪念保护女神"牛眼睛"的赫拉，阿尔戈斯的赫拉祭祀历史悠久，可追溯到几何陶时期④，而赫拉女神则是一位古老的女神，王以欣认为，"其原型可能是位母牛神，而牛总是与生殖崇拜紧密关联的"。⑤ 布劳伦"熊节"，其目的是纪念森林女王月亮神阿尔忒弥斯的神兽"熊"，神兽被女孩的家人误杀，引发了瘟疫，因此，女孩婚前要扮演熊来洗罪，并进行赛跑。⑥

第四种较为特殊，即"医神节"赛会。"医神节"赛会是为了纪念阿波罗之子"医神"阿斯克勒皮俄斯。阿斯克勒皮俄斯师从人马喀戎，一说师从自己的父亲阿波罗，学得精湛医术。雅典娜甚至将蛇妖墨杜沙的两种血赠送给他，一种致人死命，另一种起死回生。后来，

---

① 郑振铎：《郑振铎全集》第十八卷，花山文艺出版社1998年版，第418—419页。
② 同上书，第191页。
③ 转引自王以欣《神话与竞技——古希腊体育运动与奥林匹亚赛会起源》，天津人民出版社2006年版，第102页。
④ 这一划定是根据陶器图案上的特点来表明的。原始几何风格指的是几何装饰图案"首次出现"或"早期"的风格，一般指公元前1050年至公元前900年；而"几何风格"则指代其后的公元前900年至公元前700年。参见莎拉·B.波默罗伊、斯坦利·M.伯斯坦、沃尔特·唐兰、珍妮弗·托尔伯特·罗伯茨《古希腊政治、社会和文化史》，傅洁莹等译，上海三联书店2010年版，第56页。
⑤ 王以欣：《神话与竞技——古希腊体育运动与奥林匹亚赛会起源》，天津人民出版社2006年版，第133页。
⑥ 同上书，第304页。

主神宙斯认为，这僭越了神的权力，用雷电将其劈死。[1] 阿斯克勒皮俄斯手持蛇形手杖，这种标志后来成为西方医学的经典象征。

关于体育项目的起源神话则较为相似，大多都是讲有着神灵血统的英雄如何在竞技之中展示了自己强大的力量。

珀罗普斯车马赛故事中，主人公（Pelops）靠海神波塞冬的帮助战胜国王奥诺玛俄斯[2]，国王后来死了，而他迎娶了他的女儿希波达弥亚，成为新国王，并创建了奥林匹亚节庆和赛会（参见下图：珀罗普斯带希波达弥亚驾车离去）。

主神宙斯之子英雄赫拉克勒斯被誉为体育的保护者，他在完成阿波罗预言的十项艰巨任务的过程中有多个体育竞技故事，并且都取得了胜利。一个是海神波塞冬之子的两个儿子，在托诺尼（Yorone）这个地方，要求和赫拉克勒斯相扑角力，结果被赫拉克勒斯在角力中杀死了；另一个是在找革律翁的牛的过程中，波塞冬的儿子、依里米（Elymi）国王厄律克斯（Eryx）非得让赫拉克勒斯和他相扑角力，才能把跑到他那里去的牛还给赫拉克勒斯，结果，赫拉克勒斯打倒了他三次，并在较量中把他杀死了；还有一个是在第十一项工作中，战神阿瑞斯的儿子库克诺斯（Cycnus）要与他决斗，战神自己也加入帮忙，在和赫拉克勒斯打得难分难解的时候，宙斯阻止了这场比赛。最有意思的一个故事，是波塞冬的儿子利比亚国王安泰俄斯（Anteaus）

---

① 王以欣：《神话与竞技——古希腊体育运动与奥林匹亚赛会起源》，天津人民出版社2006年版，第136页。

② Pindar, *Odes of Pindar*, London：Bohn's Classical Library, p. 9.

和赫拉克勒斯的相扑。安泰俄斯"常常强迫着过客与他相扑为戏"①，他和赫拉克勒斯竞技时，获得了大地女神的帮助，每次赫拉克勒斯将其摔倒，他翻身爬起时，总会获得更大的力量，更为健壮勇猛，赫拉克勒斯于是把他高擒于空中并杀死了他（参见左图：赫拉克勒斯与安泰俄斯的摔跤）。王以欣在其书中还提到赫拉克勒斯与人比试射箭的故事。②

宙斯之子波吕丢克斯的拳击神话，类似于古印欧神话中的双生子神话，讲的是海神波塞冬之子巨人国王阿米克斯要求与参加"阿尔戈远征"的英雄进行拳击，结果被英雄波吕丢克斯制服的故事。③

第二节　古希腊体育起源神话中的神灵和信仰

神话大都通过神灵和与神灵有关的意象体现人们对一些事物的严肃思考，并反映出人们对于世界的理解状态。古希腊的这些体育起源神话也蕴含了丰富的神灵意象，需要拿来认真分析探讨。

一　天空神灵和大地神灵的对立：古希腊体育起源神话的潜在文本结构

在前面分析古希腊体育起源神话的类型中，我们分析了古希腊赛会起源神话中有纪念新降生的神灵而举办赛会的神话，也有为了祭祀女神及神兽而创办的赛会的神话。

---

① 郑振铎：《郑振铎全集》第十八卷，花山文艺出版社 1998 年版，第 489 页。注：此段中赫拉克勒斯的所有故事都参考该书。

② 王以欣：《神话与竞技——古希腊体育运动与奥林匹亚赛会起源》，天津人民出版社 2006 年版，第 280 页。

③ 同上书，第 184—186 页。

　　古希腊神话中降生的神灵主要有主神天空神宙斯、太阳神阿波罗、月亮神和狩猎女神阿尔忒弥斯、智慧女神雅典娜、酒神狄俄尼索斯、信使神赫尔墨斯等。在这些"降生"的神灵中，雅典娜是宙斯与智慧女神所生，阿波罗和阿尔忒弥斯是宙斯与勒达女神之子，狄俄尼索斯是宙斯与人间女子所生，赫尔墨斯是宙斯与地极女神迈亚所生。这些新神，都从宙斯而生。宙斯是天空神灵，是掌管气候的男神，在荷马和古希腊的诸多考古遗迹中，他被描述成手握闪电的神，在赫西俄德的神谱中，他战胜他的父亲天空神克洛诺斯，成为新的天神，并"为神们重新公正地分配了荣誉"①，"一切都在他的意愿之中"②，可见，天空神不仅与天气相关，而且与万事万物的秩序相关，他代表着高于地面的意志和力量。

　　所有其他新诞生的神灵，都通过宙斯被赋予了天空和秩序的色彩。宙斯之子阿波罗是太阳神，代表天空、光明和能量，也代表太阳运行本身的秩序性。宙斯之女阿尔忒弥斯，即阿波罗的孪生姊妹，是月亮神，贞洁，喜爱在森林里游猎，也属于天空神灵一族。雅典娜虽为女神，但她从宙斯的大脑中降临世间，具有智慧女神一样的洞察智慧，也具有宙斯一样的意志和能力，同时也像阿尔忒弥斯一样，贞洁、好战，具有类似男性一样的特征。而酒神狄俄尼索斯，则从宙斯腿腹中诞生，代表丰产和繁衍（参见右图），但他却同时也体现季节和时令的秩序性色彩。

　　与之对应，古希腊非诞生神灵，往往是以大地的面目出现，一般为女性神灵形象，因为大地是一

---

①　吴雅凌：《神谱笺释·经典与解释》，华夏出版社 2010 年版，第 356 页。

②　同上书，第 73—83 页。

种十分原始和具有广大包容性的存在，并且往往与丰产、繁殖等直接相关。古希腊代表大地的神灵有地母该亚、大地女神德墨特尔，以及其他代表丰产的女神；除此之外，还有一些动物与大地相关，例如，蛇（神秘、生存于大地之下）、牛（代表繁衍的能力），以及其他兽类等。古典学者在分析赫拉女神的形象时注意到，古希腊人往往将其与"母牛"这一意象联系在一起，因此认为，其最初的意象很可能是代表了繁衍的大地神灵，而后由于与天空神灵宙斯的结合，而具有了"天后"（与天空相关）的称号。不过，赫拉在与宙斯联姻后，依然保留了繁衍的职责，她是人类婚姻的保护神。同样，酒神的意象与丰

收有关，也与纵欲和繁衍有关，其虽然以男神的形象出现，但形象上还是体现了一些女性的文弱性，因此，酒神最初很可能是一个关于丰产和繁衍的大地神灵，而其由于吸纳了天空的秩序性内涵而成为男性的形象（参见左图：酒神狄俄尼索斯的瓶画像）。

因此，大地女神与诞生性神灵，在意象上成为一组对立概念，在古希腊体育的起源神话中体现出来。

通过仔细考察会发现，在古希腊几乎所有的体育起源神话中，都明显地或者潜在地包含这一对立的意象。在与神直接相关的起源神话中，这一组对立意象明显、直接，而在与神间接相关的起源神话中，这组意象则主要隐藏在英雄及其环境所体现的各种意象之中。现概括如表 2-1 所示。

二　自然与秩序：大地神灵和天空神灵的不同象征内涵

古希腊体育起源神话中大地神灵和天空神灵之所以出现意象上的对立性，是因为大地和天空分别象征着不同的法则。

表 2 – 1   神话与意象

神话	天空意象		大地意象		潜在关系
	显性	隐性	显性	隐性	
奥林匹亚竞技起源 1	宙斯	克洛诺斯提坦天神	地母该亚	洞穴	保护与被保护
皮提亚赛会	阿波罗	宙斯		蛇	对抗与忏悔
提洛岛赛会	阿波罗	宙斯	女神形象	赫拉	阻止出生
泛雅典娜赛会	雅典娜	宙斯	女神形象	蛇形养子、地母受孕	保护与被保护
布劳伦"熊节"	阿尔忒弥斯	宙斯	女神形象	熊	对抗与忏悔
赫拉节		宙斯	女神形象	赫拉	联姻
医神节赛会	阿斯克勒皮俄斯	阿波罗		蛇形手杖、蛇妖	保护与惩罚
奥林匹亚竞技起源 2、战车赛	珀罗普斯	宙斯①	女性形象		联姻
尼米亚赛会及拳击竞技	新生婴孩、忒拜七雄	宙斯②		蛇	对抗、纪念
地峡赛会	新生婴孩	酒神		酒神③	纪念
摔跤竞技	赫拉克勒斯	宙斯	安泰俄斯	大地女神	对抗

---

① 传说珀罗普斯为宙斯之子坦塔罗斯的儿子,坦塔罗斯为了宴请宙斯等天神,据说曾经献上儿子的肉,后来其子,即珀罗普斯,为神所救而复活,而坦塔罗斯则被罚入冥土。

② 这两则神话中都关系忒拜七大英雄,而这其中英雄都有神的血统,其中的一位,即拳击神话起源中的波吕丢克斯,乃是宙斯与凡间女人所生的儿子。此外,新生婴孩这一意象也很值得探究,赫丽生将其理解为新生仪式的反映,而宙斯的诞生本身也是新生仪式的一种再现。

③ 如前所述,酒神的意象本身就具有双重性。

大地是神秘且包容万物的。在赫西俄德的《神谱》中,大地从混沌中来,与幽暗相接,却在混沌中形成了坚实的根基,并在宽阔的大地根基上产生了天、海洋和万事万物。① 大地的力量是隐秘的,同时也是无所不在的和充满变化的,它是一切事物和一切生命的源泉。英国古典学者简·艾伦·赫丽生认为,原始人崇拜的是以大地为代表的神秘神。"神秘神"意味着深刻、不可测、未知和混沌。大地女神该亚(抑或其他代表丰产的女神),意味着"整个世界的衰落、死亡、再生这一个过程"。②

与之相对照的是,以宙斯为代表的天空神灵,则意味着自然的秩序性存在。作为一个掌管天气和气候的天空神,宙斯的意志决定了大地上自然万物的生长和变化;宙斯又不仅仅是天空之神,他治理一切,他(为神和人)"公正地分配了荣誉"③,将所有的事物和力量放在适当和正确的地方,亦即他是"正义的"(righteousness)。故而宙斯是古希腊人对于赋予万事万物以秩序的绝对力量的一种称呼,这种力量从天空显现,但并不局限于天空的领域,它使万事万物得以在正确的方式之中存在并且被认识。因此,宙斯是人类观念世界中自然秩序的源头,他提供了人们观照事物之本质的存在论框架。而在以宙斯主导的神族中,太阳神是天空神灵的最典型的代表。太阳神阿波罗是宙斯之子,他在天空中撒播光明和希望;太阳按日夜和四季的规律,影响了自然万物的生长和发展,太阳本身也是秩序的化身。

来自大地神灵的力量往往与神秘和变化相关,而来自天空神灵的力量往往与确定性和秩序相关。然而,这两者又不能截然分开:在大地之上体现着生灭变化的秩序性,而天空的力量也可能是突然的、变幻的和不稳定的;仰望天空的力量需要观照大地的变化,而依赖大地的力量又需要探究大地背后的秘密。大地和天空并非完全相同,但又

---

① [古希腊]赫西俄德:《工作与时日·神谱》,张竹明、蒋平译,商务印书馆 2006 年版,第 29 页。

② [英]简·艾伦·赫丽生:《古希腊宗教的社会起源》,谢世坚译,广西师范大学出版社 2004 年版,第 6 页。

③ 吴雅凌:《神谱笺释·经典与解释》,华夏出版社 2010 年版,第 356 页。

不完全对立；存在某些联结，但这些联结又不是可以轻易穷尽的。在大地信仰和天空信仰之间，其实关涉的正是对自然与秩序的理解问题。

自然（Φυ）的含义是诞生、产生、生长、出现、生育、显现，名词形式 Φυσιζ（phisis）就是指自然万物及其本性、本能、原初的力量、规律（杨适语）。① 大地（神灵）本身作为存在的最初本原和负载万物的最初本体，本身就是自然。万物和生命都从大地中来，最后又融入大地中去。故而这种以大地作为存在基本显现的自然 Φυσιζ（phisis），在海德格尔看来，就是"返回自身的涌现"，是指"自我生长"的存在者整体。② 大地是神秘的，天空、秩序和权力都是从中产生，因此，自然也是神秘的、难以穷尽的。

秩序的含义是有条理或有组织的，它与无序相对立，与混沌③相映照。天空神灵是秩序的化身，或者说，它是潜藏在大地之上的秩序性。秩序需从大地上来理解，但是，当其进入认识范畴之后，秩序本身就凌驾于大地之上。

赫西俄德在《神谱》中，通过描述大地和天空之间关系的几次演变而阐述了复杂的自然和秩序观。

宇宙作为一个完整的存在本体，最初的产生乃是混沌（χάοζ），其在古希腊语言中的解释是"'开口''豁口''空洞'，或'张开的深处'，'一个打开的口子'"。④ 接下来，从这无限的幽深之中产生了大地、大地深处的幽深的坦塔罗斯、爱神爱若斯和代表黑暗的厄瑞波斯和夜神纽克斯⑤，这个时候，大地既是一个坚实的根基、一个固定的空间，又是与幽深的无限和黑暗联系在一起的，它是有限和无限之

---

① 杨适：《希腊哲学中的"存在"语词》，《世界哲学》2004 年第 1 期，第 4 页。
② 参见包国光《古希腊的"自然"和"技术"——海德格尔对 φυ σιs 和 τε χγη 的解释》，《自然辩证法研究》2010 年第 4 期，第 35 页。
③ 在现代的混沌理论中，混沌并不完全是指无序，而是指超越人们的秩序化和结构化理解。在本书前言部分已提到这一点。
④ 吴雅凌：《神谱笺释·经典与解释》，华夏出版社 2010 年版，第 91 页。
⑤ ［古希腊］赫西俄德：《工作与时日·神谱》，张竹明、蒋平译，商务印书馆 2006 年版，第 29—30 页。

间的一个支点，它存在于有又通向无，同时，它又与宇宙原初的动力"爱"同在。之后，大地生出了繁星无数的天（音译为乌兰诺斯），它覆盖在大地之上，它和大地之间是不清晰、不明确的；其后，大地和天生下克洛诺斯和其他众多提坦神灵，这是一些力量巨大又狂暴无比的神灵，克洛诺斯按照大地该亚的吩咐割下乌兰诺斯的生殖器，迫使大地和天空分开，使宇宙天地首次出现成形的空间，他则取代乌兰诺斯成为天神；后来，克洛诺斯之子宙斯战胜克洛诺斯，成为新的天神，他统治一切神与人，将一切事物放在合适的位置上，"为神重新公正地分配了荣誉"①，"一切都在他的意愿之中"②，地母该亚帮助藏匿和抚养了预言中要推翻父亲的婴孩宙斯。

在大地和天空之间出现了这样一组演变：大地是起源；然后，天空出现，天与地没有界限；接下来天与地的边界出现，但没有秩序；再接下来，天地秩序出现，天神作为秩序和意志的源头。在这组关系中，大地和天空分别成为两种不同意义的源头。

作为发展源头的大地（地母该亚），在这组演变中一直是一个隐匿的推动者。她最初从混沌中产生，后来唆使克洛诺斯分离天地，再后来又藏匿抚养宙斯并帮助他推翻克洛诺斯，她似乎无所不在，又无所不知。她神秘，又与混沌一体，但是，她又推动着新秩序的产生。大地本身似乎是一个基于存在的完整的本体，她存在超越人类理性理解的自为和自足性。

作为秩序的源头，先于宙斯和晚于宙斯的都是出于宙斯的意愿。③所谓先于或晚于宙斯的，是指在神谱序列中先于或晚于宙斯所出现的众多神灵。晚于宙斯的出于宙斯的意愿，是很好理解的，但先于宙斯的怎么会出于宙斯的意愿呢？如果《神谱》所描述的是宇宙真实的诞生和发展，那么这一点显然是不可理解的；但如果《神谱》是意在阐述人们对于宇宙诞生发展的认识，那么这一点就可以得到理解了。宙

---

① 吴雅凌：《神谱笺释·经典与解释》，华夏出版社 2010 年版，第 356 页。
② 同上书，第 73—83 页。
③ 同上。

斯，既代表一种绝对的秩序性力量，也是一种命名：代表秩序性力量的宙斯可能是超越时空的，因此，他的意愿是绝对的，然而，人们认识到他的存在却经历了一个发展过程。人们对这一神灵的认识处于不同层次时，对大地和天空的理解就会处于不同的阶段，即从混沌不分的无秩序的天地关系到出现一定秩序但狂暴含糊的天地关系，再到有绝对的秩序存在且主导着的天地关系。事实上，当人们谈论宙斯时，是将他与人类理性联系在一起的。

所以，大地和天空的这一组信仰中的概念，实际上构成了古希腊人对于存在的根本性理解，并诠释了人类认识领域的基本规律。由天空所代表的秩序，象征着人类理性的目标所在，意味着人类对于存在本质的追求的可能性；而由大地所代表的自然，意味着自然而然、"生生不已"①，它推动着人类理性对于秩序的认识和理解，并暗示着存在本身及其秩序乃是高于人类理性的。

古希腊人可能基于神话意象的想象而形成了关于自然和秩序的法则的复杂理解，这一理解则构成古希腊人进入世界、参与生命活动的基本的心灵起点。

三　对自然之秩序性的追寻：古希腊体育起源神话的核心信仰

（一）古希腊历史上的大地信仰遭遇了天空信仰

出现在古希腊体育起源神话中的两类神灵——天空神灵和大地神灵，构成了两种不同的意象，代表了古希腊人在理解体育起源时的两种不同的观念维度。这种在体育起源神话中的对立意象，从现代考古学和史学成果来看，并不只是一种臆想，而是古希腊历史发展中真实的信仰历程。

在多利安人进入希腊以前（史称"赫拉克勒斯子孙的回归"②）的远古时期，希腊地区信仰以女神信仰为主。克里特的米诺斯文明崇

---

① 杨适：《希腊哲学中的"存在"语词》，《世界哲学》2004 年第 1 期。
② 王以欣认为，目前学术界对"回归"达成了一个基本的看法，即多利安人（多利亚人）是外来征服者。虽然学术界对其征服的时间与方式有争议，但一般认为，迈锡尼世界在公元前 1200 年左右的大破坏和多利安人的移民迁徙活动无直接联系。参见王以欣《神话与历史——古希腊英雄故事的历史和文化内涵》，商务印书馆 2006 年版，第 489—490 页。

拜"米诺斯女士",其宗教主题是祈求丰产,地点大都在洞穴之中。①
古希腊神话中所说的,宙斯出生后,被交给地母女神该亚这一最古老
大地神灵,并被放在她的洞穴中抚养,可能就是对于宙斯产生时的大
地女神崇拜背景的一种描述。

　　崇拜神秘神灵,意味着一种对自然和生命的充分接受的态度,构
成了当时文化中的自然主义传统。在崇拜大地女神的克里特的三个著
名的考古遗址中,我们可以看到,不论捕鱼、进行危险的跳牛,还是
拳击(参见左图:铁拉岛壁画中的克里特拳击少年),他们脸上的神
态始终淡定又安详,一种陶醉在其中的样子(参见右图:充满祥和喜
悦的古代克里特人)。

　　类似这种亲近神秘自然力量的传统也可以在古希腊的酒神崇拜中
看到。传说,古希腊酒神狄俄尼索斯所到之处,妇女都成为他的崇拜
者,这些妇女"如果给她们自由,她们仿佛游弋在幸福之中,既不再

---

　　① 米诺斯文明位于克里特岛上,其存在时间在公元前 2000 年左右到公元前 1300 多
年。参见莎拉·B. 波默罗伊、斯坦利·M. 伯斯坦、沃尔特·唐兰、珍妮弗·托尔伯特·罗
伯茨《古希腊政治、社会和文化史》,傅洁莹等译,上海三联书店 2010 年版,第 29 页。

咄咄逼人，又毫不凶恶；相反，在她们身上，在她们之间，在她们周围，在草地上，在森林里，一切都沐浴在静谧之中；她们怀里抱着动物的幼崽——无论是什么种类——像她们自己的孩子一样喂它们奶，也不担心她们怀里的野兽会对她们造成伤害。……她们好像生活在另

一个世界里，和一切有生命的东西都融洽相处，人类和兽类、食草动物和食肉动物都和睦共处、相安无事，所有的生命都同心欢跃，界限被消除，剩下的只是友谊与和平"。① （参见右图：酒神崇拜中的妇女）

　　然而，与自然一体的自然主义还带有一种隐藏着的可怕和血腥，这一点往往是被人所忽视的，就好像克里特斗牛神话中牛怪米诺陶要以雅典儿童为祭品，克里特祭祀场所竖立着锋利的牛角，而酒神的妇女在崇拜中可能会把偷窥的人撕得粉碎②，这种完全意义上的自然主义也把人类自然本性中的残暴和狂乱隐藏起来。

　　对天空神的信仰在古希腊的考古发掘中最早可见于稍晚于米诺斯文化的迈锡尼文化时期。迈锡尼世界主要崇拜女神，一位主宰庄稼和牲畜的远古神祇。但其记载泥板中，这时出现了宙斯（"天空之父"）波塞冬等男性神的名字以及雅典娜等女性神祇的名字。③ 我们不能完全断定他们的"宙斯"与后来古希腊人所称的宙斯是否是同一个神

---

　　① ［法］让·皮埃尔·韦尔南：《众神飞扬——希腊诸神的起源》，中信出版社 2003 年版，第六章第三节。

　　② 据说，古希腊一个国王彭透斯就是在偷窥时被自己沉醉之中的母亲撕得粉碎的。

　　③ 迈锡尼人的语言被破译为早期希腊文，因此，迈锡尼人是有史可查的最早的希腊人，其文明存在时间在公元前 1700 年至公元前 1200 年。参见莎拉·B. 波默罗伊、斯坦利·M. 伯斯坦、沃尔特·唐兰、珍妮弗·托尔伯特·罗伯茨《古希腊政治、社会和文化史》，傅洁莹等译，上海三联书店 2010 年版，第 43—44 页。

灵，然而，我们至少可以确定，在迈锡尼人中最早开始对大地女神和天空男神两种神灵来敬拜，他们与崇拜丰产女神的克里特米诺斯人的精神世界已经出现了明显差异。

伴随着迈锡尼世界的没落而进入希腊多利安人则是典型的印欧人种，"他们最早膜拜的神是掌管天空/气候的男性神灵"。[①] 多利安人进入古希腊后，无疑强化了对天空男神的信仰。

在古希腊历史上，克里特人是一个独特的种族，他们与迈锡尼人共存了很长时间，后来神秘地消失了，他们使用的语言是至今尚未破译的 A 类线形文字；而稍后进入希腊南部地区的迈锡尼人可能植根于萨克逊英格兰的诺曼贵族[②]，而北部的迈锡尼人则可能是亚该亚人，他们使用的语言是 B 类线形文字，即古希腊语的早期形式[③]，随着古希腊黑暗时期的到来，他们也去向不明；后来的多利安人则是雅利安人的一支，使用希腊语。迈锡尼人和多利安人最初很可能属于同一个古印欧种族[④]，很可能他们共享着印欧信仰和文明的某些特质，并且当他们进入古代希腊后，与原有克里特人所代表的信仰和文明发生了漫长的融合。因此，我们可以推测，古希腊体育神话中所出现的两种相对立的神灵，很可能是古希腊种族迁徙过程中的一种信仰和文明融合的表现。天空神灵需要通过"降生"而来到世界，其实，伴随着的就是崇拜天空神族的民族与崇拜大地女神的民族在信仰中相互了解并融合的历史。

为什么这些代表秩序的神灵需要以艰难"降生"的方式进入世界呢？因为神灵进入这个世界，意味着进入人们的观念和生活，而"降生"则预示着人们在观念中开始产生对这种神灵的认识和理解。神灵"降生"而进入人的世界，意味着必须与人的生活的方方面面发生联

---

① 莎拉·B. 波默罗伊、斯坦利·M. 伯斯坦、沃尔特·唐兰、珍妮弗·托尔伯特·罗伯茨：《古希腊政治、社会和文化史》，傅洁莹等译，上海三联书店 2010 年版，第 22 页。
② ［英］基托：《希腊人》，徐卫翔、黄韬译，上海人民出版社 2006 年版，第 17 页。
③ ［英］彼得·阿克罗伊德：《古代希腊》，冷杉、冷枞译，生活·读书·新知三联书店 2007 年版，第 13 页。
④ 樊杰：《古希腊体育的哲学意蕴探析》，硕士学位论文，湖南师范大学，2008 年，第 11 页。

系，因而降生的过程也是一个进入并产生联系的过程。这实际上意味着这新进入并被接受的神性，必须与其他神性或者世俗性融合形成新的观念秩序，才能引导人们的生命和生活。在古希腊人的思想中，"降生"意味着来到他们所生活的世界，进入他们的视野，成为他们的"在场"。当神灵"降生"时，意味着他们进入古希腊人的观念和生活之中，并使他们看见了他们所代表的那种神性维度。而之所以神灵们的降生是艰难的，则很可能是因为对他们的理解在人们的信仰中经过了漫长的过程。

　　因此，古希腊所有的这些体育起源神话，其实反映的是体育发生时古希腊人对大地神灵的信仰遭遇了对天空神灵的信仰，以及对天空神灵的信仰成为主导信仰的心灵过程。也许正是这个原因，在古希腊体育起源神话中，天空神灵和大地神灵之间的关系存在十分复杂和微妙的地方。一方面，在大部分故事中，存在天空神灵（或具有其血统的英雄）战胜大地神灵的要素，这意味着古希腊人对天空神灵信仰最后占主导地位；另一方面，由于对天空神灵宙斯的信仰乃是从对大地神灵的信仰开始的，因此，大地神灵保护了宙斯这一天空之神，宙斯从大地深处生长。此外，战胜了大地神灵的天空神，比如杀蛇的太阳神，最后也产生对于大地神的忏悔，这意味着古希腊人对大地神的信仰与对天空神的信仰存在最终意义上的和解，也意味着古希腊的大地信仰和天空信仰的融合完成。

　　（二）对秩序之源"宙斯"的尊崇

　　在古希腊的传统中，一直存在对以"宙斯"命名的这一绝对秩序的仰望。前面我们已经分析过，古希腊体育的起源神话不断地显白或者暗示着这一意象。不仅如此，古希腊后来的精神生活和体育实践也不断地重新回到了这一超验价值。

　　在赫西俄德珍贵的文献记录下宙斯作为宇宙秩序的源头之后，荷马在他的史诗中也感叹宙斯的（命运的）"天平"，古希腊哲学家赫拉克利特在试图分析宇宙的终极动力时，也感叹"只有一个事物是智慧的，它既愿意又不愿意被称为宙斯"（《残篇》，第65行）。① 当古希腊的宗教色彩减弱之后，希腊人在哲学之中又重新理解了这样一个自然存在领域的终极力量，即"神""绝对理念""第一推动力"等，这些基于"宙斯"的追寻，构成了古希腊人秩序性追求的一个根本的动力。后来，有些研究希腊学者认为，荷马和赫西俄德所传颂的宙斯只是在多神信仰中的一位，代表某一类型的自然力量，如雷电和气候。但也有学者表明，荷马和赫西俄德的故事中"宙斯"的含义是十分丰富的。荷马传说中的宙斯不但掌握雷电，还手握命运的天平，称量人类和神族的命运，他的旨意不可违背；而在吴雅凌注释的《神谱》一书中，就谈到宙斯乃是代表绝对权力的宙斯，他不仅高于所有的神族，还高于生出他的天地和原始诸神。这些描述似乎在传递一个观念，古希腊人所信的被称为"宙斯"的神，乃是象征着绝对智慧本身，他的旨意被古希腊人当成了绝对命令，天地万物和人都在他的话语之中，被他赋予和谐的秩序。至于传说中的手握雷电的神灵形象，或许是古希腊人对于他的强力的想象性表达。

宙斯代表超越人的意志的、不可穷尽的完备的秩序性，这意味着宇宙中自然存在的任何事物和任何力量都能够从他这里得到理解。只有认可这一点，后来古希腊人在体育中所表达的宙斯形象才能得到理解。古希腊著名雕塑家菲迪亚斯曾经雕刻了一尊被放在古希腊奥林匹亚神庙的被称为古代世界七大奇观的宙斯神像（这一神像后来在火灾中被损毁），据传有四层楼那么高（参见第57页图：宙斯神像模拟图）。神像头戴橄榄枝冠，意为丰产之源；左手则拿着权杖，杖顶停留着一只鹭，象征权柄；右手握着胜利女神像，象征着绝对的意志和法则。宙斯头顶宝座的前面和后面，分别刻有"美惠三女神"和"时令三女神"，分别象征美德与慷慨以及时间。在这尊雕像的底座，还刻有十二个神，以两两组队的形式出现，如太阳神赫利俄斯和月亮神塞勒涅，两者象征光明，爱欲之神厄罗斯和阿芙洛狄忒，两者象征

---

① 董孝鹏：《赫拉克利特哲学残篇译注》，硕士学位论文，东北师范大学，2011年，第12页。

神性之爱与人性之爱；炻（火）神赫斯提和信使神赫尔墨斯，两者象征空间的确定性和不确定性等。这尊宙斯像，可能涵括古希腊人理解的关于宙斯的所有相关特性，他体现了自然、时间、空间、智慧和爱的综合，是一切秩序和恩典的象征。最饶有意味的是，宙斯神像的腿和脚饰除有胜利女神像外，还有人头狮身的斯芬克斯。

　　传说中的斯芬克斯问了人们一个复杂、神秘和难以理解的问题，如果回答不出来，就会被杀死。斯芬克斯问：什么东西早晨用四只脚走路，中午用两只脚走路，傍晚用三只脚走路？古希腊悲剧英雄俄狄浦斯回答了这一问题。俄狄浦斯回答：人。[①] 斯芬克斯想要挑战的是人对于人之自身悲剧性存在的理解，而最后只有悲剧英雄才能破解谜题（参见第 58 页图：斯芬克斯与俄狄浦斯），这真是一个对人类悲剧性命运的最大暗示。在宙斯神像上刻上斯芬克斯的图像，意味着宙斯的背后隐藏着关于人类生命的秘密。因此，宙斯代表的这种神圣力

----

　　① ［古希腊］索福克勒斯：《奥狄浦斯王》，人民文学出版社 2002 年版，第 10、25 页。郑振铎：《郑振铎全集》第十八卷，花山文艺出版社 1998 年版，第 334—335 页。
　　斯芬克斯的谜题就是让人们去猜测人的生命变化的奥秘，这个谜题一直没有被人猜出，很多人因此丧命，直到俄狄浦斯才破解。

量，不仅体现了一切自然事物的奥秘，同时也体现着作为自然存在之人的奥秘。也就是说，被古希腊人称为"宙斯"的，在其观念世界中意味着宇宙的完整的本原和一切奥秘的缘由。

　　宙斯体现了自然之纯粹客观并超越时空的终极力量，对其的追寻由此形塑了古希腊的客观主义传统。追求客观之秩序性为古希腊人的生命存在提供了超越当下时空维度的场域。古希腊体育的活动从一开始就强调神灵在场，而所谓神灵在场，就表示人类的身体活动乃体现着客观力量的参与和超越性的秩序空间。

第三节　古希腊体育起源神话中的生死主题

　　在古希腊体育起源神话中，另一个十分突出和鲜明的主题是关于死亡和苦难的主题，这一主题与前面对于自然和秩序的主题相关，但侧重点又不相同。这一主题直接关涉人之生命存在的根本性问题。

一　变化、死亡、苦难作为人之自然存在本质

（一）人的必死性

古希腊的所有体育起源神话事实上还蕴含一个根本的背景前提，

即古希腊人对人的必死性的理解。尼米亚赛会和地峡赛会的体育起源神话讲述的是婴儿的死亡；奥林匹亚赛会的"珀罗普斯说"讲述的是老国王的死亡；赫拉克勒斯与波吕丢克斯这两位英雄后来也难逃一死，而在他们的竞技神话中，他们的对手也殒命了；"医神"节赛会神话讲述的是医神阿斯克勒皮俄斯掌握人生死的权力而被宙斯击毙。所有这些凡人，都必须面临死亡的问题。与这些凡人的有死性相对应的，则是神灵充满灾难性的诞生以及他们的永生性，比如宙斯、阿波罗及雅典娜。凡人的有死和神灵的永生由此形成了相对应的一组意象，并构成古希腊体育起源的背景性前提。

尤其值得注意的是医神节赛会的体育起源神话。医生的使命是救死扶伤，医治世人肉体的衰弱。而医神阿斯克勒皮俄斯贵为太阳神之子，师从人马喀戎（又说师从阿波罗本人）学医，医术精湛。特别是他受到智慧女神雅典娜的垂青，交给他墨杜沙的血，从而扭转人的生死，这代表着一位医生技艺的顶点。然而，掌握秩序和公正的宙斯认为，掌握死亡是神灵而不是人类的权柄，他消灭了这个僭越神的权力的人。宙斯的裁决限定了人类技艺的界限，同时也从根本上确认了凡人必死性的本质。

那么，刚出生的婴儿为什么面临死亡？新老国王交替为什么成为生死对决？英雄们有神灵的血统，为什么会死？医生的技艺为什么不能突破掌握人生死的限度？

对古希腊人而言，这所有的问题，并不是要去解决的问题，而是给定性的前提。人类的生命与神灵的存在其根本性质是不同的。如果没有死亡，人和神就没有差异；正是由于死亡的存在，才构成人的生命的本质特点。人类从诞生的那一刻起，就不可避免地走向死亡，死亡是人类的宿命，是不容争议和修改的事实，也是人的生命得以可能的前提。古希腊几乎所有的体育起源神话，都以人的这种"有死性"的理解作为前提，这是很值得思考的。这意味着古希腊人在面对体育时，已经具有对生命的基本的理性自觉。

在天空神灵的信仰体系中，阳光下的有秩序性的生活是值得一过的，而离开阳光的阴暗、黑暗、潮湿、死亡等，则是恐怖和令人讨厌的。古希腊最早的诗歌将死亡描述为"阴暗"和"令人厌恶的"。荷马描述冥府是"居住/无知觉的死者，亡故的凡人的阴魂的地方"①，是"可怕""死气沉沉""神明都憎恶的去处"。② 当英雄奥德修斯碰到冥府中英雄阿基琉斯（Achilles）的灵魂时，那灵魂对他说："我宁愿为他人耕种田地，被雇受役使，纵然他无祖传地产，家财微薄度日难，也不想统治即使所有故去者的亡灵。"③《神谱》也将代表死亡和冥府的塔尔塔罗斯反复描述成"阴暗""黑暗""潮湿""深渊""厌恶""生畏""忌讳""原始"④ 等。

尽管在古希腊体育的起源神话中并没有直接将死亡描述成可怖和可厌的，但是，这些神话将不死当作永生神灵的权柄，并将其作为神性来理解，从这个意义上说，这些神话就无形中为人和人性的本质设置了限度，而为人的生命本身设置了紧张感。自然主义的神秘和沉醉意识可以回避这种紧张感，因为在神秘和沉醉之中，生和死都是同一的。然而，对于追求秩序化和意义性的天空信仰而言，这种紧张感无法消解：死亡作为一种给定的存在，必然成为生命意义和秩序寻求的基础性前提，只有在正视这种前提的情况下，确定性的价值才能产生。或许这种对待死亡的差异性正是迈锡尼文明的紧张感和克里特文明的轻松祥和感这一差异性存在的原因。

（二）关于苦难与生命可能性的隐喻：医神、日神和酒神

在古希腊人看来，生命必然要面对这种沉重的死亡。死亡给人带来最终极的恐惧和紧张，而且这种紧张不可削减。在天地宇宙之间，人类存在所要面临的根本问题，就是死亡的问题。人类一切自觉的思考和生活，也就都成为一个"向死而生"的过程。

---

① ［古希腊］荷马：《荷马史诗·奥德赛》，王焕生译，人民文学出版社1997年版，第212页。

② ［古希腊］荷马：《荷马史诗·伊利亚特》，罗念生、王焕生译，人民文学出版社1994年版，第460页。

③ ［古希腊］荷马：《荷马史诗·奥德赛》，王焕生译，人民文学出版社1997年版，第213页。

④ ［古希腊］赫西俄德：《工作与时日·神谱》，张竹明、蒋平译，商务印书馆2006年版，第48—50页。

对此，古希腊体育起源神话以一种特殊的隐喻方式回应了这一
问题。

太阳神阿波罗是光明和秩序之神，是音乐、体育和预言之神，也
是医疗之神；而酒神狄俄尼索斯同样也与诗歌、戏剧相关，且具有预
言和医疗的神奇力量。古希腊人在敬拜阿波罗和狄俄尼索斯时，似乎
都是通过与其相对应的音乐、体育的方式，而获得了治疗的功效。在

祭祀阿波罗之子医神阿斯克
勒皮俄斯的古希腊埃皮达鲁
斯古城。后人考古发现，具
有治疗功能的医神神庙旁边
（参见右图：埃皮达鲁斯城
医神神庙遗迹），就是一个
音效效果很好的古剧场和一
个古运动场（参见下面两个
图：埃皮达鲁斯城古剧场和古运动场遗迹①）。古希腊的其他剧场附
近，也大都有一些供人躺卧的条凳，有一些就是专门为病人设置的，
其目的就是利用音乐产生医治的功效。

　　"医治"和"医疗"的词根在古希腊语中是Φυ（phi），从词源学

---

① 该运动场于公元前 5 世纪左右修建。最初的运动场就是一条跑道。

的本意来看，指的是源于自然生命的某些特点。医神阿斯克勒皮俄斯从太阳神那里获得神圣的力量，从人马喀戎①那里习得精湛的技术，从雅典娜那里获得智慧，他的使命就是扭转生命的衰退之势，使人的自然生命旺盛发展。阿斯克勒皮俄斯因为掌握了生死转换的力量而被惩罚致死，这意味着医疗的作用并不是用来扭转人的必死性命运，而只是在死亡的前提下发展生命的可能性。不过，他的治疗本身仍然得到众多神灵的帮助，而且后来他死后被奉为神灵，成为一种神性的力量，这意味着人之自然生命能力的发展本身是在死亡的必然命运之下的神性力量，是一种神圣祝福。正是在这个意义上，人之自然生命的死亡和受难，才与宙斯和其他天空神灵所代表的秩序和意义的本质联系起来。在古希腊人的生命理想中，生命不是为了克服死亡，但死亡却是为了追求生命。在神性的秩序之中，死亡和受难，成为探究生命可能性、追求生命卓越的必然性前提。

从这个意义上说，我们再去了解古希腊的酒神和日神（太阳神）的谕意，就会得到启示。

酒神在古希腊是司葡萄种植和酿酒的神灵，具有深深的女性气质，在有的说法中，他/她是两种形式的神（the god of two forms），是男性的女人（the man－woman）。② 罗伯特·鲁伊斯特（Robert Luyster）认为，酒神就是古希腊神话中指代生命能量的神，他/她显现了人之自然生命的完整性。③ 酒神的故事有两种：一种是他母亲在怀孕时要求宙斯现原形而被宙斯的神火烧死，他被宙斯放在自己的大腿中孕育，而后从他腿中出生；另一种是他被提坦神灵烧死，而宙斯让他复活。因此，酒神的故事总是与受难、死亡和复活相关。这一过程可能最初源于自然万物基于受难—死亡—再生的这一秩序结构。白天黑

---

① 在古希腊神话中，人马喀戎是最伟大的老师，他通晓一切技艺，并培养了众多的英雄，其中就有阿基琉斯等，他获得了人们的极大敬重。传说赫拉克勒斯不小心误伤了喀戎后，感到十分难过和痛苦，由此可见这位老师的地位。

② Robert Luyster, "King Ego and the Double－Sex Dancer", *Journal of Religion and Health*, Vol. 19, No. 2, Summer 1980, p. 121.

③ Ibid. .

夜、四季、星辰、植物和动物的生长和消亡，等等，一切事物都要经历磨难甚至消亡，然而，春天在冬日后来临，万物在萧条和死亡中复苏，死亡之后，生命再次旺盛发展：自然赐予了永恒性！酒神的死亡和再生正是再现的这种自然的永恒性，而酒神精神意味着"对生命最奇怪与最艰难的问题都要表示肯定，甚至在牺牲其最高类型时生命意志都会对其自身的不可穷尽性感到喜悦"（TIX5）。[1] 因此，正是酒神崇拜构成了古希腊悲剧的源头，古希腊悲剧最初产生于民间，其原初形态就是对他的受难、死亡和重生的模仿，从而引导观看者参与并进行情绪的宣泄和陶冶（Catharsis）。[2]

酒神体现人之自然生命本身，日神则体现生命的可观照性和可理解性。日神又被称为音乐之神。在毕达哥拉斯及其学派看来，音乐与数的和谐是相关联的。[3] 而柏拉图也将音乐教育纳入哲学王训练理性的重要教育内容，并由此提出废弃悲剧和戏剧，"赞成阿波罗及其乐器而舍弃马叙阿斯及其乐器"[4]，因为他认为，（阿波罗的）音乐可以让人领会到高于可见世界的温暖的理性的力量、数（形式）的和谐，从而可以"寻求美者和善者"[5]（参见右图：太阳神阿波罗的大理石雕像）。而在崇拜阿波罗的仪式中，伴随着这种音乐进行的体育，也明显带有一种对生命的秩序化和美化的色彩，往往与舞蹈相结合。

酒神与日神，分别象征着生命的激情

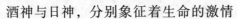

① 转引自刘昌元《尼采》，（台北）联经出版社2004年版，第148页。

② 罗念生：《罗念生全集（第八卷）：论古典文学》，上海人民出版社2004年版，第144页。

③ Graham Pont, "Philosophy and Science of Music in Ancient Greece", *Journal of Nexus Network*, Vol. 17, 2004, pp. 20 – 21.

④ ［古希腊］柏拉图：《理想国》，郭斌和、张竹明译，商务印书馆1986年版，第105页。

⑤ 同上书，第207页。

和寻求生命意义的理性；酒神和日神联合则产生了一种基于自然生命
又超越自然生命的、生命存在的完整姿态（参见下图：酒神和日神的
相遇①）。酒神精神和日神精神分别构成了古希腊人自然生命姿态的不
同维度，这两者都在对宙斯的信仰中得到结合，两者都不可缺少。一
方面，理性的观照成为人之自然生命的永恒力量；另一方面，受难和
重生构成生命自然秩序的必然过程。人在追求理性过程中观照受难和
死亡，就可以得到秩序化和目的性的理解；而倘若不接受死亡和受难
作为生命自然秩序的本质性意义，就不可能观照生命秩序性的本原。

二 体育作为寻求生命可能性的方式

生命是沉重的，不得不面对死亡，这是人类不可更改的事实。古
希腊体育起源神话将这一确定命运显现出来的同时，又预设了面对有
限人生的信仰前提。前面的分析表明，酒神和日神是古希腊信仰体系
中关涉生命的两个重要隐喻，两者的指向都是增进人的自然生命能

① 该图片来自古希腊早期的一块镜子的镜面图案，在图案中，阿波罗和狄俄尼索斯面
对面坐在一个底座上，阿波罗手持月桂枝，狄俄尼索斯身穿长袍，两者身处狄俄尼索斯所
代表的自然之中，但是，两者之间有由阿波罗所代表的太阳照射。参见［英］简·艾伦·
赫丽生《古希腊宗教的社会起源》，谢世坚译，广西师范大学出版社 2004 年版，第 440 页。

力，实现有限生命的可能性。这种意义在医神赛会神话中尤其明显。而体育和音乐似乎是在这种信仰体系中自然发展的结果。

这样看来，在最初的由信仰所敞开的生命观中，古希腊人乃是将体育和音乐作为人之发展可能性的必要方式来看待的。更准确地说，体育和音乐就是古希腊人实践生命之可能性的不可缺少的方式。然而，为何体育具备这样的意义呢？要回答这样的问题，我们仍需回到古希腊体育起源神话中，了解作为最初的必死的人——英雄——的价值追求。

（一）寻求有限生命的强而有力：英雄的生命意义

古希腊严格意义上的"英雄"是指具有神的高贵血统，并且通过克服重重困难而获得不朽声名的人类。英雄必须具备神灵的血统，比如，古希腊体育起源神话中出现的赫拉克勒斯和波吕丢克斯都是宙斯与人间妇女所生，《荷马史诗》中的阿基琉斯为海洋神女和人间男子所生，等等。但是，英雄本身是人不是神，他们和其他凡人一样有着普通的自然特性和人性缺陷，经历生命的苦难并最终走向死亡。然而，由于英雄有着神灵的血统，他们的生命和生活由此见证了一种自然生命朝向神圣敞开的可能性。

人的必死性，将人抛入了时空之中：作为具体的活着的人，必须面对世俗世界和短暂人生而重新探索回到神性世界的道路。赫拉克勒斯和早期的英雄提供的正是这样一个"人"——拥有神的高贵血统，和神灵亲近，却又不得不面对死亡的人——的形象。古希腊从这些形象开始了对人的记忆，也从这个形象开始了对于神性起源的重新回溯之路。正是从这个意义上说，从赫拉克勒斯开始的古希腊的英雄故事，形塑了古希腊人思维模式和精神世界。通过对赫拉克勒斯这样的英雄的集体回忆，一种重新回到人的本原、重新获得意义和终极的价值取向不断得到确认。

科西尔·鲍拉这样概括英雄：

　　英雄是实现人类愿望的斗士，即突破人性弱点所难以承受的阈限，去追求更为完整、更有活力的生命；不遗余力地追求自信的男子气概，即不被任何困难吓倒，即使失败，只要竭尽所能，就心满意足了。①

古希腊的英雄展现了一个更接近神圣的世界，那些古希腊著名的英雄们的故事，通过世世代代的口传吟诵，滋润了古希腊人的心灵世界，塑造了古希腊人的人生理想。

古希腊最著名的英雄，也是对体育影响最大的英雄，是宙斯之子赫拉克勒斯，古希腊体育和青年的保护神。赫拉克勒斯一生中的伟大的功绩，代表着古希腊英雄的最高成就；他伟大的力量、美丽和智慧，象征着希腊人性追求的最高理想。赫拉克勒斯的形象出现在瓶画、雕刻、壁画等考古发掘中。他的故事源远流长，在赫西俄德和荷马时代，以及在品达的奥林匹亚竞技时代，他的故事都是体育竞技和其他场合最受欢迎的。②

赫拉克勒斯本人在历史上是否存在则是有争议的。根据神话传说，赫拉克勒斯似乎差一点成为希腊迈锡尼③地方的国王。④ 据说，他是公元前 8 世纪前后进入希腊本土的多利安人的祖先，多利安人因而称自己侵占希腊领土为"赫拉克勒斯子孙的回归"。不过，大量研究表明，多利安人的谱系与赫拉克勒斯扯上了关系，多为虚构，是出于外来者生活于迈锡尼地区的现实需要所致。⑤ 有学者认为，赫拉克

① 王以欣：《神话与历史——古希腊英雄故事的历史和文化内涵》，商务印书馆 2006年版，第 1—2 页。

② 在现在保存的品达颂歌中，奥林匹亚颂歌第六首是献给少年拳击冠军 Agesidamus的，赞颂了赫拉克勒斯的不朽以及他创始这一赛会的功绩，在他的 Nemean 颂歌和 Isthmian 颂歌中，也不断提到赫拉克勒斯的功绩。参见 Pindar, *Odes of Pindar*, London：Bohn's Classcal Library, pp. 36 – 37。

③ 在郑振铎的翻译和其他很多地方的翻译中，"迈锡尼"一词被翻译为"密刻奈"，其英语单词实际上是 Mycenea，就是通常我们在哲学、文学和其他古希腊著作中所看到的"迈锡尼"。

④ 后来由于赫拉女神的诡计，国王为先出生的欧律斯特斯（类似赫拉克勒斯的堂兄）。参见郑振铎《郑振铎全集》第十八卷，花山文艺出版社 1998 年版，第 470—471 页。

⑤ 王以欣：《神话与历史——古希腊英雄故事的历史和文化内涵》，商务印书馆 2006年版，第 475—477 页。

勒斯是古希腊的迈锡尼时代柏尔修斯家族的后代。① 因此，他在除多利安人的其他地区，比如阿提卡、克里特等地区也是十分受尊崇的。此外，赫拉克勒斯的名字甚至还出现在宙斯神诞生的神话中。由此来看，赫拉克勒斯是一个神话先祖的形象。荷马说，他是"宙斯的英勇战士"，属于一个"从前的人的时代"②，而赫西俄德也将他与神谱中的神灵放在一起，这表明在古希腊人看来，他已经不只是一个英雄人物，更是种族和人类起源的记忆。或者说，他是以一种关于最初的人的记忆方式存在的，他的身上承载了古希腊人对人性理解的最初和最基本的特征。

从古希腊所流传的赫拉克勒斯的传说来看，赫拉克勒斯的人生分为五大部分，即出生、发狂、忏悔与赎罪、死亡与火葬、与女神和解。简单地说，赫拉克勒斯为宙斯与凡间女人之子，在他出生前，宙斯许诺他将成为"最强而有力的人"，然而，这个旨意受到赫拉女神的阻挠，赫拉女神使他失去王位，让他发狂，犯下惊人的罪孽——杀死自己的老师、妻子和孩子，其后，赫拉克勒斯在痛苦中寻求阿波罗神谕，被指点要服从坐在本属于他的王位上的国王而去完成十项艰巨无比的工作。后来，赫拉克勒斯顺利完成使命，成为真正强而有力的人，在他人生的终点，他按照传统进行了火葬，死后进入神族。③ 他按照宙斯的旨意与赫拉女神和解，娶了永恒的青春女神、赫拉之女赫伯为妻。④

赫拉克勒斯的一生回应了体育起源神话中的几个主题：

第一个主题是对于绝对秩序神灵的信仰。在赫拉克勒斯的故事中，宙斯所安排的命运如何在赫拉克勒斯身上实现，一直是一个核心

---

① 王以欣：《神话与历史——古希腊英雄故事的历史和文化内涵》，商务印书馆2006年版，第477页。

② ［古希腊］荷马：《荷马史诗·伊利亚特》，罗念生、王焕生译，人民文学出版社1994年版，第464页。

③ 在《荷马史诗》中，他只在地府留下阴影，而本人则加入了永恒神的行列，在奥林波斯山上宴饮。此种说法在赫西俄德那里也有提及，参见［古希腊］赫西俄德《工作与时日·神谱》，商务印书馆2006年版，第54页。

④ 郑振铎：《郑振铎全集》第十八卷，花山文艺出版社1998年版，第471—522页。

线索。赫拉克勒斯出生时，宙斯预言：他将"成为最强有力的人"。
然而接下来，他失去了王权，失去了老师和亲人，承受了重重痛苦，
经历了种种考验。在这样一个过程中，代表生殖与繁衍的女神赫拉阻
止赫拉克勒斯的出生，并且使他多次发狂。《荷马史诗》中描述，赫
拉阻挠赫拉克勒斯（或者说宙斯的旨意）的力量是利用能使人心智模
糊的女神阿特。受到赫拉的指使，阿特让宙斯在不清醒的情况下立
誓，答应先出生的迈锡尼王族成为统治者。① 这种使人迷狂混乱的能
力多次在代表大地和丰产的自然神灵身上出现，比如酒神的迷狂。然
而，赫拉的阻挠使赫拉克勒斯没有成为在权势意义上的"强而有力"，
而是迫使赫拉克勒斯在他自己的人生中承受身体和心灵的双重痛苦，
完成其他个体无法完成的功绩，而成为作为个体自然生命的真正"强
而有力"，因此，赫拉的阻挠并没有妨碍宙斯的意志而是成全了宙斯
的意志。而宙斯所命定的生命的"强而有力"则成为赫拉克勒斯的生
命意义所在。

第二个主题是人的必死性问题。赫拉克勒斯以一种符合预言的方
式死亡，他死于"一个住在死者之区内的东西之手"②，结束了他作
为人的命运，就像特洛伊的英雄们所感叹的那样：赫拉克勒斯也未能
躲过死亡！③ 赫拉克勒斯吩咐儿子在俄忒山顶将自己火葬。说到火葬
的传统，研究表明，其起源于印欧崇拜天空神灵的传统。④ 尽管有考
古证据表明，迈锡尼人可能学习克里特文明有土葬的传统⑤，不过也
有研究表明，火葬传统在古希腊的迈锡尼时期中就存在了。火葬最初
流行于阿提卡⑥，而雅典（阿提卡人）的人口和文化则在青铜晚期

---

① ［古希腊］荷马：《荷马史诗·伊利亚特》，罗念生、王焕生译，人民文学出版社
1994 年版，第 446 页。
② 郑振铎：《郑振铎全集》第十八卷，花山文艺出版社 1998 年版，第 522 页。
③ 同上书，第 425 页。
④ 莎拉·B. 波默罗伊、斯坦利·M. 伯斯坦、沃尔特·唐兰、珍妮弗·托尔伯特·罗
伯茨：《古希腊政治、社会和文化史》，傅洁莹等译，上海三联书店 2010 年版，第 22 页。
⑤ 同上书，第 43—44 页。
⑥ 王以欣：《神话与历史——古希腊英雄故事的历史和文化内涵》，商务印书馆 2006
年版，第 480 页。

（迈锡尼时期）直至历史时期这段时间保持着一定的连续性①，这表明，很可能在迈锡尼时期，火葬就已经出现，而它的出现时间与古希腊天空神灵信仰的出现时间是一致的。火葬是为了崇拜天空神灵，这与以土葬来崇拜大地神灵形成了鲜明的对照。入土为安意味着最终与大地融为一体；而在火焰中燃烧则意味着与天空和光明的力量相结合。在赫拉克勒斯的故事最后，死亡问题被转化为一种命运的必然结局，并且以和青春女神联姻并获得永恒青春的方式，削弱了死亡带来的紧张感。古希腊人将获得永恒青春的方式诉诸诗歌、剧作，通过留存在集体记忆中，保留了英雄在记忆中的永恒存在。尽管如此，这种方式不像希伯来宗教那样对人生命的有死性提供终极性安慰，也不像古希腊后来所流行的毕达哥拉斯密仪、酒神密仪和俄尔浦斯教密仪那样，通过提供一种轮回转生的解释方式彻底消解这种紧张，古希腊人在必死性问题上的紧张感仍然不可缓解。甚至在荷马笔下，赫拉克勒斯灵魂的阴影仍停留在死亡的冥府中。

从赫拉克勒斯故事的这两个特点可以看出，如同前面酒神和日神隐喻所揭示的那样，英雄的人生并不以免除死亡作为人生意义寻求的终极目标，而是以自然生命能力的最大发展作为最高追求。英雄始终需要在面对死亡的基础上，克服人生的沉醉和狂暴，走上寻求宙斯旨意的人生之路。

（二）对生命苦难的主动选择：赫拉克勒斯的德行

古希腊人对于个体生命发展的目标，使用了"arête"（"德行"）来指代，而最早被誉为有"德行"的人，就是赫拉克勒斯和早期的英雄们。

古希腊人将赫拉克勒斯的德行编成富有深意的故事。据说，苏格拉底曾经转述过普拉迪克斯所描述的这一故事，而该故事被色诺芬记录下来。故事讲的是赫拉克勒斯在其可以独立自主并考虑如何生活的

---

① 在希腊的其他地区，这段时间已经进入相对无所考证的"黑暗时期"，因此，我们可以通过阿提卡地区的情况一窥古希腊当时的信仰和习俗状态。参见王以欣《神话与历史——古希腊英雄故事的历史和文化内涵》，商务印书馆 2006 年版，第 443 页。

时候，在一个十字路口的关键性选择。

　　据说，赫拉克勒斯在一个僻静的地方思考自己生活应该选择哪一条道路的时候，有两个高大的妇女向他走过来。① 一个叫作卡吉娅，她"长得很肥胖又很娇嫩，打扮得使她的脸色显得比她生来的颜貌更为皙白而红润"，她"东张西顾"，"娇态毕露"，"自顾自盼"，"顾影自怜"。另一个叫阿蕾特，"面貌俊美，举止大方，肌肤晶莹，眼光正派，形态安详，穿着洁白的衣服"。② 卡吉娅和阿蕾特都要赫拉克勒斯跟随她。卡吉娅给出的好处是赫拉克勒斯可以"尝到各种快乐的滋味"，不用"劳心费力"，"得到别人劳碌的果实"，"毫无顾忌地取来"任何对自己有用的东西，拥有"权力可以从任何地方取得他们所要的东西"。然而，阿蕾特驳斥她，说她不可能体验到美好的事物，因为她连对美好事物产生欲望的耐心都没有，说她在没有饿的时候吃，在没有渴的时候喝，在没有性欲的时候放纵无度，因而使人们错过正常的美好而带来了耻辱和烦恼，她使人在年老时身体脆弱，没有智慧，困顿潦倒，痛苦不堪，她被神灵弃绝，因而"神智清楚的人"是不敢和她鬼混的。阿蕾特进而来介绍自己，她让人经过辛劳努力，而获得"神灵所赐给人的一切美好的事物"，并且当"大限来临的时候，他们并不是躺在那里被人遗忘，无人尊敬，而是一直活下去，永远受到人们的歌颂和纪念"。③

　　在这样一个故事中，出现了两个试图引导赫拉克勒斯人生的妇女，她们分别代表两种不同的人生追求，卡吉娅代表的是快乐而无节制，享有纵欲的权力；阿蕾特代表的是付出艰辛努力，有节制受规训，而享受神所赐的真正的美好事物。之所以阿蕾特可以指责卡吉娅，是因为阿蕾特遵循的是万事万物的自然秩序，正如人在渴的时候

---

　　① 在古希腊的神话中，永生的神灵都是被描述为高大美丽的。
　　② 卡吉娅来自希腊文 Κακια，刘小枫将其解释为"邪恶、淫荡"（参见刘小枫《沉重的肉身》，第76页），吴永泉翻译色诺芬的著作中将其解释为"恶行"（参见色诺芬《回忆苏格拉底》，第48页）。阿蕾特来自希腊文 Αρετη，即后来拉丁文的 arête，刘小枫将其解释为"美德美好"，吴永泉将其译为"德行"。
　　③ ［古希腊］色诺芬：《回忆苏格拉底》，吴永泉译，商务印书馆1984年版，第47—51页。

能感受水，在饿了之后能感受食物，在劳苦过后能感受放松，在一生的努力之后感受智慧、健康和别人的尊敬一样，自然秩序所给予人们的道理就是：人们只有在付出艰辛之后才能感受美好。

在这个赫拉克勒斯如何选择人生的隐喻中，我们又依稀看到了赫拉克勒斯人生中的关键问题，即生命的混乱和秩序问题。赫拉克勒斯追求神赐的命运，在他漫长而痛苦的一生中，他必须诉诸理性，规训自身内在的狂暴和迷失的力量。体现秩序和规训的力量与体现混沌和丧失理智的力量一直在赫拉克勒斯身上冲突，最终以完成宙斯的命运、赢得了与女神的和解而结束。在这个意味深长的故事中，秩序与混沌并不是两种截然对立的力量，而是一个人身上不得不体现的两种本源性的冲突，一个人必须在混沌和强暴的力量中主动选择秩序和承担规训，克服重重困难，才能最终调和这两种力量而获得自由。

在苏格拉底讲述的寓言中，卡吉娅意味着一种混乱的力量，这种力量是与人生的自然秩序相违背的，这种力量充满着诱惑，使人丧失正常的理智，然而，阿蕾特意味着对人的自然的痛苦规训以实现人之本性，并获得神所恩赐的美好。而赫拉克勒斯的选择就是遵循自然法则，主动为自己有限的自然生命寻求秩序和目的。毫无疑问，赫拉克勒斯的选择就是阿蕾特（arête），即德行（有的译为德性）。

赫拉克勒斯选择德行，回应的正是人如何自觉而主动地面对自然、秩序和生死的问题。赫拉克勒斯选择的是成为"强而有力的人"，而不是依靠权势而放纵欲望享受快乐的人，这就意味着赫拉克勒斯必定要走一条充满艰辛的人生之路，为了寻求这种合秩序的生命样式，他命中注定要完成人们无法完成的十项使命，并在这些艰苦的工作中成就他的人生。

（三）德行、苦难、身体的参与性和信仰

作为体育的守护神，赫拉克勒斯守护的是这样一种人生方式：通过苦难来获得德行的人生方式。人必须通过苦难和忏悔来规训自然蕴含的狂暴力量，从而达到人之自然的秩序化。应该说，古希腊的德行与中国传统文化中的德行存在很大区别。古希腊德行追求的是"强而有力"，这意味着其目的是实现人的自然生命能力的最大化（或者说卓越），而人的自然生命能力包含着人之身体和心灵的能力，其首先且必要的方面必然是人之身体能力的最大化（卓越），因为承受苦难必然从身体承受苦难开始。

我们知道，赫拉克勒斯听从神谕完成了十项艰苦的工作，为了补上国王不承认的两项，他总共是完成了十二项工作。前四项工作包括取尼米亚的狮子皮、杀掉洛那的九头蛇、生擒了克里尼的牝鹿和厄律曼托斯的野猪①，这四项工作的困难在于要对抗并驯服自然中最有力和最迅捷的生物，必须成为比它们更有力量和更迅捷的人。

第五项工作是在一日之内洗刷清洁爱琪士的牛房，而里面有300多头牛30年未清除的粪便。

第六项工作是要驱逐史丁泛林的鸟群。② 第五、第六两项工作的难处在于赫拉克勒斯所应对的不仅是动物，而且还有数不清的动物形成的污秽和嘈杂，因此，光凭借勇力和体能是不行的，需要依靠智力和诡计。赫拉克勒斯最终靠引用自然力量河水和借用雅典娜女神的计谋完成任务。

第七项和第八项工作，分别是带克里特的神牛和残暴国王狄俄墨得斯的食人马群，这两项任务中的动物分别具有神圣和邪恶的特征，在任务完成后，国王欧律斯特斯因为恐惧这两类动物而释放了它们。③

第九项工作是取阿玛宗人女王希波里特的宝带。阿玛宗人是一支善战的女性种族，在这项工作中，赫拉克勒斯又遭遇了不同的国家和社会，并扬言要报复放肆无忌和失信的特洛亚（特洛伊）④，因而这件工作赫拉克勒斯面对的是如何面对世俗社会并进行正义之举的问题。

第十项工作是取革律翁的牛。为了取得牛，赫拉克勒斯必须走到世界的尽头，并劈开了山，使两山中有海，这两山被称为"赫拉克勒斯的石柱"，在希罗多德的描述中意为世界尽头，而后他靠着太阳神

① 郑振铎：《郑振铎全集》第十八卷，花山文艺出版社1998年版，第476—480页。
② 同上书，第480—482页。
③ 同上书，第476—480、482—483页。
④ 同上书，第483—486页。

的金杯，才到达革律翁的国度，一个被夕阳的红光照耀的西方：① 因此，这项工作意味着人类探索的尽头。

第十一项和第十二项工作是要取得赫拉的金苹果以及地狱的恶犬。② 这两项工作依靠的已经完全不是世界的力量，这暗含着英雄使命结束后的荣耀，乃是在与其斗争的女神的力量和死亡之上的不朽。

赫拉克勒斯的十二项工作完整地再现了一个人在这世界和社会中所可能面临的所有挑战，因此，这十二项工作其实预设的是人在世界中寻求秩序和生命目的的极限。

在赫拉克勒斯完成的这十二项不朽的工作中，赫拉克勒斯的身体和心灵都遭受到了极大的挑战，他要面对各种危险，要在困境和劳苦中运用他的勇气、智慧和信仰，在十二项工作的漫长考验之中，忍受着常人无法忍受的痛苦。古希腊有一尊极为著名的赫拉克勒斯雕像，被称为《休息的赫拉克勒斯》（Farnese Herakles）（参见左图），为大理石复制品，高 310 厘米，现收藏于意大利那不勒斯国立美术馆，原作为青铜雕像，由利西普斯创作于约公元前 4 世纪。雕像中的赫拉克勒斯人体呈曲线形，左腿支撑着身体的重量，左臂倚在支柱上，明显在休息，在他依靠的支柱上，放着代表他身份的狮子皮，然而，尽管画面中人物处在放松状态，可是他的机体仍然十分紧张，他的肌肉隆

---

① 郑振铎：《郑振铎全集》第十八卷，花山文艺出版社 1998 年版，第 486—488 页。
② 同上书，第 488—493 页。

起，看似平静的躯体中似乎随时要爆发出力量。他严肃的面部表明他在思索或在感叹，皱起的眉头表明他那艰苦的工作是如何搅扰这颗勇敢的心灵。赫拉克勒斯的这尊雕像，以一种完美的手法表现出了人之自然生命在接受严峻的苦难时，是如何通过身体表现出来的。身体在承受痛苦时的姿态，不仅能够准确地传达个体自然身体的能力极限，也能够传达个体心灵在这个过程中的精神状态。换句话说，正是通过身体的受难，个体的身体和心灵的双重能力得以展现。难怪古希腊的诗人咏叹："有个故事说，德行/住在难攀登的高山，由纯洁女神们掩护，凡人眼睛看不见，除非从心底流出血汗，才能登上这人性高峰。"[①]

正是因为德行是与苦难相伴随的，它意味着人们要付出卓绝的努力，承受身体和心灵的极限，因此，要获得德行是艰难的。并不是每个人都可以获得像赫拉克勒斯一样不朽的功绩，但是，每个人都可以像赫拉克勒斯一样去选择自己的生命与生活。人性从本能和欲望之中，不可能直接了解到苦难对于人的意义，也不可能直接了解苦难之后的美好事物的价值，因此，人不会本能地将苦难作为自己的生活选择。正是由于这个原因，基于信仰而形成的对自然生命的观照必不可少。赫拉克勒斯作为宙斯之神的儿子，他在对自身生命的狂暴力量感到痛苦时，曾求问神谕，并遵行神谕，正是因为这一点，使他最终践行了他的"阿蕾特"的选择，并最终实现了"强而有力"的人生。

（四）最初的体育和竞技作为培养、展示生命之德行的活动

在后人对赫拉克勒斯不同的传说中，有几处有意思的体育故事，一处讲的是赫拉克勒斯青少年时期，身体魁梧，力大无穷，又非常美丽，他的人间父亲安菲特律翁请了很多英雄来教他各种"武艺"，其中有"安菲特律翁他自己教导他驱车，奥托李考士（Autolycus）教他相扑角力，优里托士（Eurytus）教他剑术，李纳士（Linus）教他弹琴"，他身体力量超过任何人，"仅看他的仪容，便知他乃是宙斯的儿

---

① ［古希腊］西摩尼得斯：《德行·古希腊抒情诗》，水建馥译，人民文学出版社 1988 年版，第 168 页。

子"，而且无论用弓或标枪投射，无不命中目标。① 从故事来看，赫拉克勒斯从小受到过很全面的训练，有当时非常出色的人做他的老师。可见，赫拉克勒斯的人间父亲是用心想把孩子培养成卓越而杰出的人的。

还有几处赫拉克勒斯与其他人之间的竞技。在前面介绍古希腊体育起源神话中提到了赫拉克勒斯与波塞冬的儿子们［包括安泰俄斯（Anteaus）］以及与战神及其儿子摔跤相扑的故事。在与安泰俄斯的相扑故事中，安泰俄斯总是要求和客人相扑竞技，然后胜过客人并杀死他们，不曾想却被赫拉克勒斯擒于高空，在竞技中杀死。在这个故事中，赫拉克勒斯的潜在危险是安泰俄斯背后的大地女神。大地女神赋予安泰俄斯可怕的力量，而赫拉克勒斯必须隔断这种力量，才能战胜对手。因此，这场竞技并没有被描述为一场单纯的力量上的竞技，而是强调了赫拉克勒斯在智力上的优势。换句话说，这场比赛胜利并不完全在于力量的优势，而是在于理智判断上的优势，在于人心智清明时所做的决断。因此，这个体育竞技的故事再次回应了赫拉克勒斯与痛苦命运，即与一种使人心智模糊的力量抗争的努力。当然，这个故事或许也可以做别的人类学分析。有学者认为，这个故事显示了古老的新老国王生死决斗的痕迹。② 然而，在这个故事中，赫拉克勒斯并非为了争夺新老国王，他赢得胜利后，便继续自己原来的工作；发起挑战的也不是他，而是原来的国王本人安泰俄斯，他"常常强迫着过客与他相扑为戏"。③ 因此，即便这个故事还可能残留着过去新老国王交替的文化踪影，但在此处的故事中，这种目的性已经不存在了。安泰俄斯更像是一个过于自信而且急于显示自己力量和优越性的骄傲的人。

---

① 这里提到的教他的各位老师，都是当时最著名的一些英雄，据说，李纳士便是有名的俄尔浦斯的兄弟，俄尔浦斯据说曾经用他的音乐感动了冥王和冥后，因此得以见到自己的亡妻并且获得机会把她重新带到人世。郑振铎：《郑振铎全集》第十八卷，花山文艺出版社 1998 年版，第 473—474 页。

② 这一观点是简·艾伦·赫丽生一直强调的观点，她认为，古希腊的体育竞技（比如古奥林匹亚竞技）最初源于新老国王的生死决斗。

③ 郑振铎：《郑振铎全集》第十八卷，花山文艺出版社 1998 年版，第 489 页。

这几处的竞技比赛的形式主要是以相扑和角力为主，这值得引起我们的注意。所谓相扑和角力其实是一样的，都与我们现代所提到的摔跤类似。瓦诺耶克描述角力的是，"两两对阵，低下脑袋，伸出胳膊，试图抓住对方的手腕或脖子和腰部。目的是摔倒对手，自己仍站着"①，可见，角力与当今日本的相扑的确很相似。不过，古希腊的角力不但要求巨大的力量，而且要求极高的灵巧性和敏捷性，故而，角力成为一项极为艰苦的体育竞技活动。因此，在相关的考古壁画、雕塑或浮雕中，角力选手都被描述为巨大的、肌肉发达的人，并不像现在的相扑选手。至于这几处的角力都让对手死亡，对这种情况的解释可能是在角力中因为力量巨大，抓住对方的脖子将其摔倒所致，研究者表示，在古希腊后来的比赛中，"锁喉使对方窒息也是比赛所允许的"。②

和赫拉克勒斯比试的人物都是人类中拥有可怕力量的，他们被描述为伟大神灵的子孙，他们仗恃着强力，要与所有的人比赛，从而显示自己的优越，然而，结果却是他们输给了更胜于自己的人。所以，赫拉克勒斯的这些竞技，从实质上说，就是为了显示出他的卓越性，而体育竞技本身则成了显示人之优越性与差异性的比赛。

第四节 古希腊本原意义上的体育何以开启教化空间

一 对于古希腊体育起源时期的推测

（一）关于古希腊体育起源时期的争论

古希腊的体育并不仅只是在各大赛会中突然出现的，它的出现一

① ［法］瓦诺耶克：《奥林匹亚运动会的起源及古希腊罗马的体育运动》，百花文艺出版社2006年版，第40页。
② 从这里我们还可以看到，远古的竞技有着极为粗暴的一面。在这些故事中，没有证据表明这些竞技是出于战争的缘故，然而，即使竞技比赛的结果却仍然有致命的危险。参见王以欣《神话与竞技——古希腊体育运动与奥林匹亚赛会起源》，天津人民出版社2006年版，第199页。

定存在某种原因或者说某种准备。然而，古希腊体育究竟从何时在何地起源，这在当今考古学和古典学领域并没有达成共识，很多知名学者在这一点上的意见有着细微的差别。

英国古典学者简·艾伦·赫丽生以为，早于奥林波斯宗教的古老的信仰系统——崇拜神秘神的巫术仪式，才是古希腊体育竞技的真正起源。她认为，古希腊体育起源于自然崇拜的古老的再生仪式，而比赛或竞技在节日中的作用就是通过失败或死亡，来再现自然界的重生。① 自然生命力面临关键转变时，一种带有巫术的再生仪式成为必需。简认为，再生仪式最初的起源乃是新老祭司国王的生命竞争，这种生命竞争带有巫术性质，一个更有生命力的祭司国王成为新的祭司国王，将会影响自然生命力的再生。② 简甚至认为，像珀罗普斯、宙斯、赫尔墨斯、阿波罗、赫拉克勒斯、雅典国王厄瑞克透斯、忒修斯、医神阿斯克勒皮俄斯等体育起源神话中的人物，都是象征丰产和再生的半神③，源于他们的竞争后来变成了一种集体的记忆，进而演变成了后来的竞技性再生仪式。简指出，体育赛会就是重现生命周期的生死转变过程，"节日的主要部分是比赛或竞技，通过失败或死亡，激起人们的怜悯，然后是再生的喜悦，最后是神灵的显现"。④ 根据简的说法，古希腊体育的起源似乎可以推至崇拜自然和大地女神的克里特人。与此相呼应的是，克里特岛的类似体育活动的考古证据。克诺索斯王宫有一幅经典的"公牛跳跃壁画"；一枚米诺印章图案显示当

① ［英］简·艾伦·赫丽生：《古希腊宗教的社会起源》，谢世坚译，广西师范大学出版社 2004 年版，第 7—8 页。注：奥林波斯又常被译为奥林帕斯。
② 简显然受到弗雷泽的《金枝》一书的影响，在《金枝》一书中，弗雷泽表明，新老国王的血腥竞技是为了让更具有生命力的国王，即一种与神沟通的祭祀，来影响自然的丰产。参见 ［英］詹姆斯·乔治·弗雷泽《金枝》，徐育新、汪培基、张泽石译，大众文艺出版社 1998 年版。
③ ［英］简·艾伦·赫丽生：《古希腊宗教的社会起源》，谢世坚译，广西师范大学出版社 2004 年版，第 238—246、287—292、285—287、442、361—378、279、397—382 页。
④ 这里似乎不太好理解，死亡为什么可以作为再生的起点呢？在简的观点中，在古代的这种集体意识中，人还没有把个体从集体以及大自然中分离开来，死亡和失败意味着群体和自然的凋零，而胜利则意味着群体和自然的再生，因此，胜利者将被看成类似神灵一般的人，也就是简所说的"神灵的显现"。参见 ［英］简·艾伦·赫丽生《古希腊宗教的社会起源》，谢世坚译，广西师范大学出版社 2004 年版，第 7—8 页。

时的人体具有理想的健美身材；另一枚雷顿瓶则雕刻有拳击和斗牛的景象。在最近开掘的克里特考古时期遗址铁拉岛①上，还发现了一幅少年拳击的壁画。这些考古发现既说明了克里特斗牛起源神话的一些合理性，同时还解释了赫拉崇拜这一女神崇拜传统在阿尔戈斯的悠久性。

与此相区别的是美国古典学者和考古学家史蒂芬·G. 米勒的观点，米勒先生虽然承认古希腊传统的延续性，并且认为，古希腊文化的确扎根于青铜时代的米诺斯文化和迈锡尼文化，但他认为，现有的考古学证据不足以表明米诺斯文化到迈锡尼文化中显现的体育特点与《荷马史诗》以及后来的古希腊赛会体育存在相似之处。② 他指出，青铜时代③考古发现的体育特征，与在《荷马史诗》中记载的体育特征以及古奥林匹亚运动项目存在很大差异，除拳击之外，没有证据显示，在青铜时代存在跑步、掷铁（石）饼、扔标枪、跳跃（或跳远，jumping）、角力（或摔跤，wrestling）等活动。④ 此外，克里特时期多以从事斗牛运动为主，但是，这些斗牛士都经过专业训练，并且着衣；⑤ 而迈锡尼时期有很多的表演杂技的考古遗迹⑥，显然，也需要大量的专业训练。米勒认为，古希腊的体育是在多利安入侵迈锡尼之后对该地区的强大影响下产生的，这也正是古希腊体育连续发展的开始，对后来城邦体育发展的影响非常巨大。⑦ 在 *Ancient Greek Athletics* 一书中，他用极为强而有力的证据表明了古希腊体育与多利安人的密切关系：古希腊三大泛城邦的赛会都出于伯罗奔尼撒半岛，而这个半

---

① 王以欣称为铁拉岛，还有一些翻译称为圣托尼岛，或者是桑托林岛。

② Stephen G. Miller, *Ancient Greek Athletics*, Yale University Press, New Haven and London, 2004, pp. 21–22.

③ 指的是人类利用金属的第一个时代，以利用青铜器作为标志。在古希腊从公元前3200年左右开始，其间有两大重要文明——米诺斯文明和迈锡尼文明。米诺斯文明从公元前2000年左右开始，迈锡尼文明从公元前1600年左右开始。

④ Stephen G. Miller, *Ancient Greek Athletics*, Yale University Press, New Haven and London, 2004, p. 22.

⑤ Ibid. , p. 21.

⑥ Ibid. .

⑦ Ibid. , pp. 26–27.

岛是多利安人进入古希腊定居的主要区域，另一大纪念阿波罗的赛会则位于德尔菲，也是多利安人的居住区。此外，与当时的体育一同发展的殖民城邦，也大多是多利安人所创的。①

唐纳德·G. 基尔认为，古希腊体育有着青铜时代的深深的文化根源，在迈锡尼文化中，就存在荷马所描述的葬礼竞技，并且可能就有战车竞技、体育赛事（包括拳击、跑步、摔跤，也有可能有武装格斗）、公牛运动等这些古希腊常见的体育活动，这与他们的迈锡尼文化的军事性、进攻性和贵族性有关，正是这些特点后来进入荷马永恒的故事之中。②

从这几位学者的论述来看，古希腊体育起源不仅仅只是一种时间意义上的起源，还与人们对于古希腊体育以及文化的理解有很大关系。寻找古希腊体育起源不仅需要寻找到考古论据中显现出的有关身体活动的依据，还要能够解释从体育起源到古希腊城邦和古典时期的体育一脉相承的文化特质。

（二）迈锡尼起源假说与古希腊体育的本质特点

本书并不指望对这一争论得出确切的结论。不过，从前面对古希腊体育起源神话的分析中发现，在古希腊体育起源神话中涉及必不可少的观念前提，就是对代表秩序的天空神灵的信仰。也就是说，在古希腊人所流传下来的集体记忆中，体育的最初印象与他们信仰中对于天空神灵的崇拜以及对秩序和意义的追求密不可分，古希腊体育很可能直接源于古希腊人对于秩序的理解。因此，很可能是对天空神灵的信仰最终导致了古希腊体育的产生。从考古学上看，对天空神灵举行崇拜仪式的地区，在可查阅的记录中也的确是古希腊体育开始最早的地区，比如，早在公元前 8 世纪就已经开始的古奥林匹亚竞技会，以及德尔菲祭祀阿波罗的赛会。关于后者，据记载，早在公元前 7 世纪以前就有隆重的体育和音乐比赛。公元前 7 世纪的《荷马的阿波罗颂

---

① Stephen G. Miller, *Ancient Greek Athletics*, Yale University Press, New Haven and London, 2004, pp. 26 – 27.

② Donald G. Kyle, *Sport and Spectacle in the Ancient World*, Blakwell Publishing, 2007, pp. 50 – 51.

歌》描述："身穿长袍的爱奥尼亚人携妻带子再次聚会把你颂扬，每当他们会聚于此，比赛拳术、跳舞、唱歌，总能让你愉悦。"① 后来，修昔底德也说："在远古时代，已经有许多爱奥尼亚人和附近岛屿上的居民在提洛岛举行过大的赛会。……他们也常在那里举行体育、诗歌和音乐的比赛，每个城市提供它自己的合唱队。"② 古希腊后来的女神崇拜仪式（如赫拉节）虽然也存在体育的活动形式，但在史料记载中出现体育活动的时间似乎远远不如崇拜天空神灵出现得早；希腊人的酒神崇拜仪式，"城市酒神节源于更早的乡村酒神节，除保留原有的祭祀游行仪式，还扩增了戏剧竞赛与政治活动"③，酒神节保留了原始仪式环节的"游行"，但并没有证据表明原始的游行发展成为跑步和其他竞技活动。

虽然克里特也有类似体育活动的考古遗迹，然而，克里特人的体育与我们所熟知的古希腊体育的特点存在很大差异。大地女神崇拜背景下的体育，除了拳击，几乎就是以杂技的形式出现的，并且强调个体的专业技巧，而像古希腊后来那样的有群体竞技会并且强调身体自然生命能力和德行的体育却很少见。

从仪式性的竞争到日常性的体育行为、从个体性的较量到群体性的参与，这差异背后必定还存在某些值得探索的原因。或者说，女神崇拜背景下的克里特文化很难解释古希腊体育的很多关键特征，古希腊体育的起源很可能还与其他文化直接相关。

从史蒂芬·G.米勒等的证据来看，古希腊体育与多利安人关系密切。而且，多利安人崇拜天空神，肯定会给人群的体育带来不同的文化特征，然而，这是否意味着古希腊体育从多利安人处起源？

其实，早在多利安人进入古希腊地区以前，古希腊地区的迈锡尼人，是亚该亚人种，也崇拜天空之父宙斯，这些人不仅崇拜宙斯，还

---

① 转引自王以欣《神话与竞技——古希腊体育运动与奥林匹亚赛会起源》，天津人民出版社2008年版，第136页。
② 同上书，第136—137页。
③ ［古希腊］埃斯库罗斯：《希腊悲剧之父全集》，张炽恒译，（台北）书林出版有限公司2008年版，第13页。

保留了赫拉克勒斯的神话和传说，这些人种的一支在迈锡尼世界陷落进入"黑暗时期"之后，进入贫瘠的阿提卡半岛，这一支就是后来的雅典人。王以欣认为，火葬最初流行于阿提卡[①]，而赫拉克勒斯的葬礼就是火葬，以此可以看出阿提卡人（雅典人）在文化上与古希腊体育起源神话具有一致性。这样看来，古希腊体育可能在迈锡尼时期就开始了。这也同时印证了唐纳德·G. 基尔关于古希腊体育起源的说法，他提到，在迈锡尼文化中，可能就有战车竞技、体育赛事（包括拳击、跑步、摔跤，也有可能有武装格斗）以及公牛运动，所有这些还可能出现在葬礼竞技中。[②] 正因为如此，在荷马作品中，迈锡尼时代的特洛伊英雄们才会把葬礼竞技会和其他的竞技会视为理所当然。[③] 正是迈锡尼人在分享古希腊神话信仰的过程中形成了独特的体育传统，并流传到希腊古风和城邦时期。至于米勒认为的古希腊体育主要受到多利安人的影响，这是没有错的，其原因可能有两个方面：一方面，古代的迈锡尼世界陷落后有一个被称为"黑暗时期"的过程，这一过程的文字描述和考古发现都十分稀少，直到现在，人们对于这一文化衰落的原因和后来发生的情况仍然不太明确；另一方面，多利安人好竞技且精力旺盛的特点的确会带来体育的复兴。而且，多利安人和迈锡尼人在本原上都是属于原始的印欧游牧民族的后裔[④]，本身具有文化上的相似性，都敬拜天空神。而多利安人进入希腊地区，也恰恰是以古希腊体育神话主角"赫拉克勒斯"的"子孙回归"的名义来取得合法依据的。正是这种文化的相通，使多利安人可以延续迈锡尼时期就开始的体育传统并发扬之。

在此，我们可以看到，古希腊体育所表现出来的独特性，正是在对象征秩序的天空神的信仰背景下出现的对生命意义的寻求。在古希

---

① 王以欣：《神话与历史——古希腊英雄故事的历史和文化内涵》，商务印书馆 2006 年版，第 480 页。

② Donald G. Kyle, *Sport and Spectacle in the Ancient World*, Blakwell Publishing, 2007, p. 51.

③ 参考《荷马史诗·伊利亚特》第 23 章和第 24 章。

④ 樊杰：《古希腊体育的哲学意蕴探析》，硕士学位论文，湖南师范大学，2008 年。

腊体育的产生和发展中,自然主义的传统和对绝对秩序(神灵)的信仰构成了两个相对应的维度,开启了古希腊人关于存在之"自然"的秩序化的理解过程,并展开了古希腊体育发展的张力空间。在自然神秘的生命力与美好和秩序之间,亦即在丰产大地神灵信仰和天空神灵信仰,抑或酒神崇拜和太阳神崇拜之间,存在一种原始的张力和空间,而面对死亡寻求自然生命的美好和秩序,则是人的生命对这种张力的回应,也是古希腊所有体育活动的最根本的原驱力。古希腊体育所显现的是含糊混沌的生命走向秩序和美好的过程。古希腊体育的实质正是生命原始自然涌动的力量向着无限美好的模仿,或者说,是秩序和美好为人的原始自然生命的赋形。古希腊人从事体育活动,正是在正义和秩序的前提下,寻求人的自然生命力量的限度。

生命本是神秘的,而人类原始的身体活动也是神秘的,怪不得陈村富认为,戏耍(game)"是动物本性固有的","早期人类不论是以哪种文化为背景,都有'戏耍'的遗迹或神话传说"①,从这个意义上说,所有体育最初的起源问题,都具有不可考性。自然主义本身能够带来戏耍、游戏,与自然相融合的身体活动,自然主义热爱人的身体,热爱存在的一切,可是自然主义却很难带来有意识的体育竞技,因为自然主义很难带来对节制和秩序的认识。只有在对秩序的信仰的介入之中,在对人类自身生命力量的秩序和限度的发觉之中,有意识的体育竞技活动才能出现。因此,古希腊体育的起源,一定是与对天空神灵宙斯的信仰相关的,这就是古希腊体育的保护神是宙斯、阿波罗和赫拉克勒斯(天空神及其后代)的原因。

在此意义上,我们再来思考史蒂芬·G.米勒所指出的古希腊青铜时代的克里特体育与《荷马史诗》及奥林匹亚运动会中的体育存在差异的事实。当一种普遍性的生命自觉缺乏的时候,人所进行的体育活动,大多是娱乐和表演性质,或者是出于风俗的仪式行为,并不是人自觉自愿的诉求,因而不具备普遍性而只限于专业人员,并且不具

① 陈村富:《古希腊奥林匹亚赛会考》,《浙江大学学报》(人文社会科学版)2008年第2期。

备体育的形式化特征。而普遍自觉的生命意识的形成有赖于人对于自然和宇宙秩序以及人的最基本存在处境的理解，因而必须以对于自然、秩序和人类生命的信仰与理解系统作为前提。

二　古希腊本原意义上的教化和体育的一体性

（一）基于本原意义上的教化

古希腊教化最初的含义是按照自然生长的法则进行培育。当"教化"这个词用于人身上时，指的是按照人之自然法则来培育心灵。这个观点预设了两个前提：一是人对于自然法则本身的了解；二是人依据自然法则而引导自身的生命。这两个前提，一个意味着人类的理性认识能力的形成，另一个意味着人类对自身自然生命意义的寻求。这样两大主题分别体现在古希腊体育起源神话关于神灵和关于英雄的深刻意蕴之中。古希腊神话体现的是古希腊人最初对人之自然生命形态的认识，这些神话依据对于自然和秩序的神灵的理解，因此，使其具有一种普适性的宗教力量，并成为最初教化的依据。

（二）基于本原意义上的体育

古希腊本原意义上的体育，指的是在体育发生的时候所蕴含其本质内涵的体育。古希腊体育起源神话故事告诉人们，古希腊体育发生的背景，乃是在人们从大地女神信仰开始接受天空神灵信仰的过程中发生的对于自然的秩序性理解。自然世界和自然生命在生灭变化之中呈现出永恒的属性，在受难和死亡中获得新生，这种对于自然之存在方式的理解，使古希腊人得以观照自身的自然生命，并主动寻求对自身生命形式的赋形。因为这样一种原因，作为古希腊最初意义的人和古希腊理想人格代表的英雄赫拉克勒斯，他的传说就充满了这种通过经受身心磨难而主动寻求生命秩序和意义的意味。因此，古希腊早期所呈现的体育训练和体育竞技，正是寻求和展现这种生命秩序及意义的体现，其目标指向的就是德行。

事实上，为什么寻求生命秩序和意义必然通过体育来外现呢？我理解的是，任何自然生命参与世界，并在世界之中接受磨难，必然是通过外在形体的承载而实现的。人作为一种自然生命形态，在宇宙天地中自觉进行生命赋形，首先必然是通过身体的受苦受难开始，从身体的受难而后感受美好，并获得意义，最终领悟自然法则，使身心与最高存在秩序和谐同一。换句话说，身体性参与是人之自然生命进入世界、感受世界的起点，并且，只有通过身体的受难，人对于自身生命赋形的使命才能完成。

本原意义上的体育正是人之自然生命形态在世界中赋形的方式，是一种人之自然生命进入世界的方式。而身体则是人最大的自然和最初的自然，因此，体育必然通过身体的形式来表现，并体现在体育训练和体育竞技两种形式之中。

（三）德行追求作为体育和教化的双重起点

德行追求反映的是人自觉寻求生命秩序和意义的主题。古希腊人在对宙斯的信仰中得以观照自然万物的秩序，又从这一信仰中形成对于命运和人生的理解（赫拉克勒斯），并归结出以德行的追求来实现自然生命"强而有力"的基本价值。正是这一基本价值的形成，构成了教化的基本目标，也形成了体育的基本目的。

在古希腊人的这一价值诉求中，人的生命作为一种完整的自然生命体，体现了这样几个特点：

第一，生命的意义（命运）是在对信仰的理解中被规定的。基于赫拉克勒斯的古希腊英雄主义传统体现的乃是在对秩序之神的信仰中寻求自然生命的极限与人之自然能力的最大化发展，从而获得生命在自然、社会和终极层面的意义。在这一信仰过程中，人得以不断敞开和超越自我而实现生命最本原（神赋的）的美好目的。

第二，生命秩序的追求需要面对的是自身狂乱和混沌的力量并驯服它，而这样的追求体现在具体的生命选择中，体现在身心每一次参与世界的活动中。

第三，对生命意义的追求在共同的信仰中具有普适性。这正是古希腊体育和教化的传统能够承继和传播的原因。正是由于共同的信仰，古希腊的这种德行追求从一开始就具有普适的意义，其以对于人之自然生命的秩序化理解作为最基本的出发点，从而开启了后世体育与教化的双重空间。

第三章　古希腊体育的发展与教化体系的形成

古希腊体育慢慢地从神话迷雾中走出来，在古希腊城邦发展的晨曦中逐渐展现出令后世熟悉的面庞。

在对宙斯信仰和起源记忆的追溯中，沿着德行传统的引导，古希腊体育先后经历了贵族竞技会、泛城邦体育赛会和体育馆制度三个阶段。城邦出现之前，古希腊贵族英雄们的体育竞技还夹杂着神话的神秘色彩，然而其轮廓已经依稀可见；城邦发展时期，共同的信仰传统促成了古希腊人体育竞技活动的自由联合，并拉开了古希腊体育盛事的序幕；城邦鼎盛时期，完善的生活体系使体育馆制度成为常态化的教化方式。倘若从迈锡尼世界的晚期开始算起，一直到希腊城邦发展的鼎盛时期，古希腊体育的这一发展过程持续了好几百年。

第一节　古希腊早期贵族德行传统与竞技会发展

在城邦之前的古希腊社会，是以贵族制度为基础的部族或部族联合体，这一社会形态构成了古希腊社会和体育生活的基本前提，也成为后来古希腊城邦发展的基本背景。

一　古希腊贵族和贵族制的由来

古代希腊贵族制的政治传统从《荷马史诗》中可以看到端倪。《荷马史诗》开篇就描写阿基琉斯的愤怒，并从阿基琉斯的愤怒中引出了整个悲剧史诗。阿基琉斯对谁愤怒呢？对他们的王、他们的领头人阿伽门农。阿基琉斯公开与阿伽门农结下怨仇，并开始罢战。阿伽门农是"阿开奥斯人的君主，是希腊联军的最高统帅"，人们称他为"人民的国王"，"因为宙斯把王杖交在了他的手里"。阿伽门农抢走了阿基琉斯的漂亮女俘，对此，阿基琉斯不能直接否定他的决定，因为阿伽门农拥有宙斯的权杖，但是，他却能够充分表达意见，并释放自己对阿伽门农不公正行为的愤怒情绪。有意思的是，阿基琉斯的反抗行为，不但没有受到众人的指责，反而引起了众多英雄的重视，这些英雄们和阿基琉斯一样，在面临重大问题时，和阿伽门农同在一个圆桌上议事，并拿出方案和决策。我们从中可以看出，在这样的一个进行公共决策的组织之中，阿伽门农虽然是众人所公认的王，可以行使最终的决议，然而，这个王却受到类似阿基琉斯这样的众多英雄的制约。

阿基琉斯、阿伽门农、奥德修斯、涅斯托尔等古希腊大英雄的身份特点也是很值得一说的。奥德修斯历经苦难回到家后，射杀了准备霸占他的家产和妻子的求婚贵族，使当地贵族十分生气，他们责怪他"用船载走无数的勇士"，"又杀死这许多法勒涅斯显贵"①，要对他报仇雪恨。结果宙斯神让雅典娜用智慧结束了这一纷争，他让众人"立盟誓"，"奥德修斯永远为国君"②，这些话显示，奥德修斯此前和此后在当地的地位也是相当于君王的，只不过，这个君王也是从贵族的盟誓中产生的。

荷马所描述的这些基于家族和部族而进行的推举、盟约和治理的现象，同样适用于其他英雄人物。并且，这种依据推举而进行公共事务治理的现象，直到后来的斯巴达和雅典城邦时期，依然沿袭着。

在《荷马史诗》这样参与圆桌议事的人物之中，个个都是极为卓越的人，他们较其他人而言，在残酷的战争和社会生活中具有更强的适应能力，并被认为更具有德性（arête）。这一点是不是众人立下盟

---

① ［古希腊］荷马：《荷马史诗·奥德赛》，王焕生译，人民文学出版社 1997 年版，第 453 页。

② 同上书，第 455 页。

约推举他们为王的原因呢？

如果确实如此，那么我们可以推测，古希腊的社会治理系统，是一个基于德行传统的推举和盟约系统。这个系统依赖人之自然能力的展现，而通过代表共同利益的盟誓，选择更具有勇气、力量和智慧的人作为他们的君王进行治理。因为基于盟约，因此，当重大的事件出现时，推举君王的人可以进行集体议事，确保盟约不会遭到践踏。这也可能正是阿基琉斯反抗阿伽门农的原因。

这样一些具备推举和议事能力的古希腊人，一般被称为贵族。

古希腊贵族和他们的治理机制是如何来的呢？洪涛根据维柯的新人类学"林间隙地"说给出了他的解释。洪涛认为，古希腊人最初在森林中生活，突然间天降神火，给林中开辟出一块隙地空间，而当人们借助神话将这一自然现象理解为某种神圣意志的结果时，人之为人的意义世界就被开启，人之为人的空间也被打开，因为"人的本质在于拥有神，神人关系是希腊空间学（伦理学，前专业化的政治学）的基本函数关系"[1]，故而空间中人与人的基本关系（"成为公民"）就成为"始分神物"。[2] 正是这样一种空间关系，为古希腊贵族的产生奠定了根基。贵族很可能就是首先进入到神圣空间中的那一批人，因为先来到空间中的人被认为是受到了神的恩宠，他们具有最初的"权力"——"参加宗教仪式"，"成为人"。[3] 同时进入神圣空间的人，在享有的权利上是同等的，而后来进入空间寻找庇护的人，"不是神的虔敬者，而是为利益而来，因此，他们仅仅被认作是'平民''奴隶''侨居者'"。[4] 所以，洪涛的这种理论假设，为古希腊贵族的产生提供了一种解释的可能性，根据他的这种理论假设，古希腊贵族就是在空间起源意义上享受神恩的人。

这种天才性的理论设想并不是脱离事实的想象，古希腊关于建国

---

① 毕会成：《林间隙地：希腊古史研究的另一种可能性》，《书屋》2006年第8期。

② 洪涛：《逻各斯与空间——古代希腊政治哲学研究》，上海人民出版社1998年版，第105页。

③ 同上书，第35页。

④ 同上书，第36页。

（城邦）英雄们的传说和故事，能够从某种层面印证其一定的合理性。

关于古希腊底比斯建城的传说中，卡德摩斯从德尔菲的神谕中得知，他跟随一头红牛走到红牛休息的地方，就可以建立城邦。卡德摩斯根据神谕来到一块水草肥美的地方，在这个地方，杀死一条巨龙，并把龙牙播种在地里，地里便长出来很多武装的勇士，这些勇士被称为斯巴提（Spartoi），即"被播种者"。卡德摩斯在这些人的帮助下建立了一座坚城，这座坚城就是卡德米亚（Cadmeia，即底比斯或者忒拜）。① 这一充满神话意味的传说，王以欣认为，可能反映了某些真实的历史信息，即"卡德米亚人是真实存在的希腊史前部落"，"卡德摩斯本人可能……是后人虚构的部落名祖"，"卡德摩斯的殖民和建城故事包含着外来移民在希腊本土建城定居的特殊历史信息"。② 在这个故事中，值得注意的是，卡德摩斯和斯巴提人这一外来人和原住民都是城邦的合法居住者，因为卡德摩斯分享了原来的卡德米亚人的起源神话。③ 在相关传说中，对这一过程的表述则体现了两个特色：第一个是斯巴提人（原卡德米亚人）是在卡德摩斯准备建祭坛过程中产生的，因此，他们应当与卡德摩斯分享同一个祭坛；第二个是雅典娜神吩咐卡德摩斯，斯巴提"将是……新邑的第一次的人民"。④ 从这两个特点可以看出，在这一关于城邦起源性的故事中，公共空间的确是通过分享共同的起源性存在而敞开的，正是因为能分享同一个起源性神灵，城邦居民（公民）的合法性地位方才得到论证。

分享起源性神灵的恩典而作为空间合法性的依据，进而获得最初的"人"的权利，这一现象可能正是古代希腊贵族和贵族制形成的根

---

① 郑振铎：《郑振铎全集》第十八卷，花山文艺出版社 1998 年版，第 321—322 页。

② 王以欣：《神话与历史——古希腊英雄故事的历史和文化内涵》，商务印书馆 2006 年版，第 191 页。

③ 王以欣认为，这些共同起源神话的共同之处可能是由于古老的印欧民族流传的神话所致。这一点是很有道理的，古希腊的迈锡尼人和后来各个时期的古希腊人，从民族渊源上说，都是北方游牧民族在不同的时间段进入了古代希腊地域，而这些游牧民族在语言和文化方面具有非常大的相似性，很可能他们拥有一个共同的民族起源，现在我们称这一起源性的民族为古印欧人。参见樊杰《古希腊体育的哲学意蕴探析》，硕士学位论文，湖南师范大学，2008 年。

④ 郑振铎：《郑振铎全集》第十八卷，花山文艺出版社 1998 年版，第 322 页。

本原因。最先建立城邦的人因为得到了神的恩典而成为城邦的贵族，拥有贵族祭祀的特权和其他特权。随着时间的推进，这些人所在的家族和地区得到发展，家族与家族联合，胞族与胞族联合，发展形成完善的国家形式。而当初享有起源意义上的优势家族则发展成为对城邦决策享有发言权的贵族家族，他们可以左右公共事务，推选执政者。而后来进入城邦未能享有起源意义上的家族，则无法左右城邦的决策。这样的发展慢慢形成了古代希腊的贵族政体。

古代希腊人所分享的共同起源乃是宙斯和宙斯主导的奥林波斯神族，因此，是否分享对于宙斯和其主导的奥林波斯神族系统的起源神话，则成为区别希腊人和非希腊人的显著标准。除忒拜之外，古希腊所有的城邦都有各自的起源神话，例如，雅典的先祖国王作为雅典娜神的养子和敬拜者；斯巴达认为，自己是宙斯神的祭拜者，他们的建立者多利安人宣称他们是赫拉克勒斯的子孙而重新回到希腊地区，等等。

二　古希腊贵族的德行追求

在前面之所以大费周章谈论什么是贵族的问题，是因为只有对这一问题有了了解，才能思考和理解古希腊贵族对于德行（arête）追求的问题。

在古希腊城邦制度形成之前，古希腊的贵族一般是些先祖、君王、开城辟地的先锋、征战沙场的英雄，他们都被后人称为是有德行的人。这些人因为共享同样的起源神灵宙斯，因此，在对世界和人的理解中呈现出很大的相似性，他们的文明和教化方式也存在很大的同一性。他们信仰的乃是同赫拉克勒斯所信的一样的代表宇宙终极秩序的神灵，因此，他们对个体德行的认识具有以下四个方面的特点：

第一，德行乃是基于对自然生命整体的本质属性的实现。因为存在对宙斯的信仰，因此，古希腊贵族认为，事物背后的本质性属性是存在的，它们相互联系构成了完整的宇宙秩序。在传统的希腊语境中，arête 意味着事物本身的实质的实现，或者说实现"每一事物本性所固有的功能"。① 在《荷马史诗》中，一匹马也有它的 arête，"一匹马的 arête"指的是一匹马发挥它能奔跑的最佳状态，一匹马成为一匹好马，意味着它自身 arête 的实现。由此可以看到，在这样的传统语境中，arête 就意味一种整体性，一种事物自身自然和秩序作用之下产生的自然目的得以实现的意志。对于人而言，就像一匹马实现马之为马的本质就实现了 arête 一样，实现人之为人的理想人物，也就是被认为具有 arête 的人。在汉语语境中，arête 经常被译作卓越、德行甚至德行，其实该词最主要的意思，是指人身上的卓越与出色，它反映了人的内在优秀性，它是人之为人的本质，是一个人有别于他人的本质之处。② 除前面提到的赫拉克勒斯的故事外，在《荷马史诗》中提到的奥德修斯、阿基琉斯和其他英雄，都具有与之类似的特点，这些被荷马称为"神一样的人"，具有成为一种现实世界中的人的各种优秀品性，这些品性使他们在生命的各个方面都不至于成为过于依赖技艺和工具的具有奴性的人，而是值得后代传颂的高尚人物。在荷马的故事中，奥德修斯具备 arête 是因为他会造船、驾船、犁地、善跑、有力，并且灵敏狡猾，会避免危险；而阿基琉斯具备 arête 则是因为他是捷足，是人类里面最强有力者，在征战中战无不胜，具备至高的荣耀。可见，这些英雄的 arête 的实现，并不仅仅局限于道德层面，而是基于对人的自然生命存在整体的理解，基于人的自然及其合目的性的理解，越是使这种生命能力旺盛，就越是具备德性的人。

第二，德行乃是基于对于身心一体的理解。生命整体的能力在与周围世界的关联中体现。个体生命需要面对世界的变化和困难，因此，需要强大的生命能力，以克服各种变化和困难带给心灵的困惑与恐惧。对于古希腊贵族而言，这种生命能力是不可能身心分离的。身体的活动能够充分展示个体心灵的能力。个体身体在环境中反应越敏捷，越准确，越强大，就越有智慧，就表明个体的心灵能力越强大；

---

① 洪涛：《逻各斯与空间——古代希腊政治哲学研究》，上海人民出版社 1998 年版，第 121 页。

② 同上。

个体身体越具有忍耐痛苦的能力，就表明个体心灵越具备这种能力；身体的活动能力越大，心灵的活动能力就越大；身体所能够超越极限的能力越大，心灵能够超越极限的能力就越大；身体越能够体现个体与个体以及个体与群体以及社会的关系，心灵也自然而然就越能这样。所以，我们看到荷马所描述英雄奥德修斯具有多种多样的令人叹服的身体能力，比如造船、跑步迅速、善于躲避危险等时，其实，他描述的是奥德修斯聪颖、智慧和强大的心灵。基于此，德行的提高必然是经过身体对于自身极限的不断克服而提高的，从这个意义而言，体育乃是作为一种双重的价值而显现的，体育竞技通过身体的能力反映出心灵的能力，而体育训练则通过训练身体的能力而增强心灵的能力。因此，体育乃是训练德行并展现德行的重要方式之一。

第三，古希腊人认为，个体诉求德行的道路乃是在信仰之下、命运之中的。因为他们享受神恩，所以，他们必然被赋予人之为人的出众能力，这一点既是他们所能获得的恩典，也是他们的本分。古希腊那些众口传诵的英雄，他们所具备的德行必然要在生活中展现，并与他们面对世界时的反应相关，不然的话，他们就会失去他们作为人之为人的合法性，失去他们认为的天赋的特殊权利。这样，他们在战争、竞技和其他社会领域就会表现出超乎常人的勇敢，并承担超乎常人的风险。在《荷马史诗》中，当人们谈论阿基琉斯具备德行时，人们首先会将他的德行与他接受死亡并获得不朽功勋的命运联系起来。

阿基琉斯被预言要在两种人生中选择，一种是作为普通的人碌碌无为，长寿而终；另一种是去特洛伊征战并获得不朽的功勋，但会英年早逝。阿基琉斯选择的道路乃是在希腊人队伍中征战，而这一切又早在宙斯称量命运的天平之中（参见左图：决定阿基琉斯命运的宙斯）。追寻德行意味着生命在世界中以最富有意义的方式呈现，因此，阿基

琉斯必然选择与自己的族人共同战斗，并正视死亡的命运、死亡的道
路；只有伴随着他的死亡，宙斯的旨意才能实现①，他所承担的使命
才能完成，他的德行也才完整。

第四，正是在前者的意义上，古希腊传统中的德行乃是与他者相
关的。古代希腊贵族既然具备超乎常人的德行，也就意味着他们必须
承担超乎常人的责任和使命。因为只有担当他们的责任和使命，他们
内在的优越性才能体现出来。洪涛认为，在早期的空间中，作为空间
创始人的贵族承担着守护空间的责任，并且为后来进入者提供庇护，
这一意象性的表达，正好可以在古希腊贵族对于德行的追求中得以
证实。

古希腊人对于这种人之整体生命及其德行的认识，决定了他们的
认识论和人生论。策勒尔发现，"他们（古希腊人——作者注）把我
们看作'品性'的东西看作是认识：一个国王'认识正义'，一个妇
人'认识贞洁'，粗野的赛克洛普'认识放肆'，满怀憎恨的阿溪里
斯像一头狮子那样'认识狂怒'"。② 也就是说，古希腊人把我们认为
是必须要用整个生命感受才能获得的内容称为认识；反过来说，古希
腊人所说的认识指的是我们必须用整个生命践行的内容，而不仅仅是
依靠头脑想象的内容。策勒尔认为，古希腊人的这一现象表明了他们
的"心灵至上，而非意志至上"。③ 心灵往往与生命相关，而意志则
仅仅与理性相关。实际上，古希腊人之所以将我们强调品性的东西看
作"认识"，是表明要真正了解事物的含义，必须去经历，只有投入
其中，才能达到真正意义上的"认识"，故而这种经过个体自身生命
体验的知识，是内化于己的知识，也就是我们现在所说的"品性"。
因此，从这里我们可以看出，古希腊人对人、对世界有着深刻的存在

---

① Debra Hawhee, *Bodily Arts*: *Rhetoric and Athletics in Ancient Greece*, University of Texas Press, Austin, 2004, p. 17.

② 阿溪里斯就是在本书中说的阿基琉斯。参见［德］E. 策勒尔《古希腊哲学史纲》，翁绍军译，山东人民出版社 2007 年版，第 9 页。

③ "心灵"一词，很容易引起人们的误解，因为在现代人的视野中，"心灵"往往带有一种身心二元的色彩。然而，在古希腊人的语境中，心灵就是存在的实质。参见［德］E. 策勒尔《古希腊哲学史纲》，翁绍军译，山东人民出版社 2007 年版，第 9 页。

论的意味。这个世界是先于人的存在，并且不断生成，个体生命只有进入并参与这个世界才能获得真正意义上的"知识"。因此，求知或者"求智"，本身就意味着行动，意味着身心整体的参与，那种身心对立，仅靠思考就能把握"真理"的观点，在古希腊的传统中是没有的。

正是从这个意义上说，古希腊的认识论从一开始就是德行论，古希腊人所指的知识，从一开始就与生命和在生命中的角色相关，而生命的存在从最本质的意义上又必须寻求最高的秩序。正是这一关联性，才构成了整个西方文化在源头上关于本体论、存在论和认识论意义上的合一性，也正是由于存在这一关联性，我们才能理解后来苏格拉底等哲学家所提到的"知识即美德"的真正内涵。因此，事实上，古代希腊贵族德行的传统正承担了完整的教化功能，它扎根于信仰之中，并使古希腊贵族在生活方式中去提高身心的能力，达到人性的卓越和完美。

古希腊贵族意义上的德行，显然是前面提到的赫拉克勒斯的"德行"的一种发展。当然，古希腊人对于德行（arête）的理解有一个变化过程。然而，这种情况在后来发生了变化，自然和秩序的联结被哲学家消解，自然本身的目的性逐渐消失。比如，泰勒斯、德谟克利特等人看待自然的方式以"matter"（物质）作为基点，以水、原子等作为自然的基本，这种理解，虽然意味着对于世界的本质的把握的努力，却消解了世界作为秩序性存在本身所蕴含的丰富内涵，意味着对世界的万事万物相互依赖、相互协调的背后的至高智慧的否认，同时也意味着人在缺少这种至高智慧观照前提下的价值的相对主义。与之相应的是，在对自然本质的理解发生变化时，德行已经失去关于人的自然的完整性含义，而将身体自然与品德或德行分离开来了，这种对于"德行"的理解直到现在依然存在，但已经明显远离了古希腊传统arête 的意义。

三　基于习俗的教化：贵族德行与竞技会

在有关古希腊贵族的各种传说和故事中，有着各种各样的竞技会故事，似乎这些竞技会就是他们的一种基本的生活方式，其中，有一些重大的竞技会有很多英雄参与竞技，影响也是轰动一时。

在流传后世的文献中提到过的贵族竞技会有：伊阿宋在取金羊毛的过程中，为了安葬一位国王举行过葬礼竞技会；① 在一个叫楞诺斯的地方，女王招待伊阿宋时举办了竞技会；② 从埃及来的伊娥的后代，阿尔戈斯国王狄尼士，为自己尚未嫁娶的 48 个女儿举办竞技会挑选郎君，最后一项赛跑竞技的奖品就是他带着丰厚嫁妆的女儿们，参赛者都是国王之子，其中，"第一个跑到的人可以选择他最喜欢的一个为妻，其他仿之，直到全体都被占有了为止"；③ 波修士参加拉里萨城条太米士国王纪念自己亡父的竞技会，"他在比赛、相扑、赛跑上，都战胜了底萨莱的少年之花"，而在投盘时，他投得那么远，以致击中了国王旁边的老人，就是他自己的祖父，神谕中会死在自己外孙手中的阿尔戈斯国王亚克里修斯；④ 马耳伯萨（Marpessa）之父国王欧厄诺斯（Euenus）通过车马赛为女儿选夫婿，很多参赛者殒命，但是，后来，一位老国王的王子伊达斯（Idas）却顺利赢得比赛，带着

美人归去（这个故事非常类似珀罗普斯的车马赛传说，因此，特意加上人名以示区别）；⑤ 忒拜七雄纪念尼米亚国王死去的婴儿而举办的葬礼竞技会，并且其中的先知安菲阿剌俄斯预言这一竞技会将会每年举办一次，而且将会成为希腊四大"神圣竞技"之一；⑥ 处女猎人阿塔兰忒的婚姻，是通过竞走的方式，以胜过她的男人为她的丈夫⑦（参见左图：女英雄阿塔兰忒）。

---

① 郑振铎：《郑振铎全集》第十八卷，花山文艺出版社 1998 年版，第 203 页。
② 同上书，第 226 页。
③ 同上书，第 263—264 页。
④ 同上书，第 290 页。
⑤ 同上书，第 302 页。
⑥ 同上书，第 418—419 页。
⑦ 同上书，第 431—432 页。

　　除这些传说之外，可能记载更为详尽的要数《荷马史诗》中的几次竞技会。一次是《伊利亚特》第23章和第24章，大篇幅地描绘了英雄阿基琉斯为了纪念逝去的好友帕特洛克罗斯而举行的葬礼竞技会，几乎古希腊当时所有的大英雄都参与其中，场面极为壮观；一次是《奥德赛》第8章，英雄奥德修斯漂泊到一个叫做费阿西亚的国家，国王举行了竞技会来招待他，英雄自己也小露身手。此外，在《伊利亚特》第23章和《奥德赛》第24章，诗人还以回忆的口吻，分别叙述了老国王涅斯托尔年轻时参加阿马林呐斯竞技会并获得辉煌成绩以及英雄阿基琉斯死后他的海神母亲为他举办的葬礼竞技会。

　　总的来说，古代资料中有记录的古希腊贵族葬礼竞技会一般分为三种：第一种是招待欢迎贵宾和客人的竞技会；第二种是挑选夫婿和郎君的竞技会；第三种是纪念死去英雄的竞技会。其中，葬礼竞技会更为常见。现代很多学者都直接谈葬礼竞技会而忽视了前面两种类别的竞技会，应当是不太全面的。也有很多学者将葬礼竞技会进行宗教意义的解读，认为葬礼竞技会是为了"安抚坟墓里的死者的灵魂"；[①]还有学者认为，婚礼竞技会和葬礼竞技会一样，都是源自血腥的新老国王的生死竞争，他们的竞争象征着新年之神战胜残年的意义，后来，这样的角逐慢慢地形成一种仪式，人们"进行比赛或者竞技，通过失败或死亡激起人们的怜悯，然后是再生的喜悦，最后是神灵的显现"。[②] 宗教意义的这种解释的确具有一定的道理，不过一旦涉及史诗中具体的竞技会时，就有些说不过去了。例如，在谈到阿塔兰忒的竞技会时，整个故事中就不曾出现"老国王"的意象，而提到阿尔戈斯国王为女儿选取夫婿的故事中，也不曾出现新老国王的竞争，而是参赛的国王之子相互间的竞争。至于说马耳伯萨父亲举办的竞技会中，虽然出现了很多求婚者殒命的现象，但是，最后赢得比赛的伊达斯王子却没有直接与国王交战，而是携带女子驾车而去。另外，在很多葬

　　① ［英］简·艾伦·赫丽生：《古希腊宗教的社会起源》，谢世坚译，广西师范大学出版社2004年版，第206页。
　　② 同上书，第7—8页。

礼竞技会中，逝去者的好友和亲人都是十分悲痛的，在阿基琉斯为帕特洛克罗斯举办竞技会之后，荷马描述他仍然"在哭泣，怀念他的伴侣"，"眼泪大颗大颗往下滴"，"心神错乱"。① 因此，简单地认为竞技会能直接让人感到"再生的喜悦"是十分牵强的。

　　事实上，古代希腊的竞技会是非常常见的。在较为隆重的场合，有条件举办竞技会的主人②都乐意采用这种方式来表达他们当时的情感。因此，竞技会其实就是古希腊贵族极为常见的一种生活方式。至于为什么采用竞技会的形式，笔者认为，这与他们追求德行的传统有极大的关系。在竞技会上，自然生命力量中较为卓越的人，很快就能够通过竞技会的形式展现出来，而获胜者显然也是神灵的宠儿。这样的获胜者，显然是成为夫婿的良好人选；在欢庆贵宾的仪式中，主人一方获得胜利可以显示主人的荣耀，客人一方获得胜利可以显示客人的尊贵。因此，竞技会的形式就是一种最好的欢迎形式；而在葬礼竞技中，举办的竞技会规模越宏大，参与的英雄越众多且越具光环，对亡者的怀念就越久远，而亡者的荣耀就尊显，这样，尽管失去亡者的痛苦仍然继续，但活着的人却可以因着为亡者带来怀念和尊荣而"在举哀之后心灵获得慰藉"（阿基琉斯语）。③

　　所以，古希腊贵族的竞技会的核心目的是展现德行。为了全面展现身体在各个方面的能力，古希腊体育竞技采取了多种竞技形式，以图全面反映个体身心的能力。在《荷马史诗》中以及其他英雄传说故事中，包含着一种对人的各种趋向性的发展，比如投掷、奔跑、拳击、角力、重装比赛、车马赛等。值得一提的是，古希腊人对于全能选手非常推崇，因为这意味着这些人在其人之自然属性的各个方面都达到了卓越，从而成为他们眼中的全人，即有德行的人。而这些体育

---

　　① ［古希腊］荷马：《荷马史诗·伊利亚特》，罗念生、王焕生译，人民文学出版社1994年版，第552页。

　　② 举办竞技会要具备吸引力，首先需要预备优胜者的奖品，再者举办者本身也要具备好的名声，这样，才会吸引众多优秀者的参与，提高竞技会的知名度。因此，最初举办竞技会的人只能是贵族。

　　③ ［古希腊］荷马：《荷马史诗·伊利亚特》，罗念生、王焕生译，人民文学出版社1994年版，第519页。

竞技项目已经和后来出现的希腊城邦赛会中表现的体育竞技项目有着相当的一致性了。

因此，古代希腊的竞技会体育已经体现了典型的希腊特色，其诉求全面的体育形式，体现了身心合一的德行要求。① 而这一点，正是后来古希腊城邦时期的体育赛会和教化所延续的核心精神。希腊人崇尚体育竞技，不崇尚杂技的秘密，也就是古希腊人区别于克里特人的体育的秘密就在于他们对德行的追求以及由此产生的全人理想。基托说，对于现代的马拉松、撞球运动、高尔夫之类活动，古希腊人会认为这在奴隶身上是一种值得赞赏的事情，但一个人不可能"既掌握这一类奇技淫巧，同时又作为一个人和一个公民过高尚的生活"②，因为过于发展极为专业的技术，也意味着个体在生命的其他方面发展缺少空间。也就是说，对希腊人而言，高尚的生活意味着发展一个人所蕴藏的各种潜力，使生命整体的各个方面都达到优秀（arête），因而在特殊的技艺和技术领域的专长并不是一种值得骄傲的事情。

总的来说，我们从古希腊传说故事所显明的文化特征可以推测，在城邦时期之前的部族或部族联合体时期，古希腊的贵族将体育竞技会当作体现其德行追求的一种习俗传统，这种习俗通过行吟诗歌（如《荷马史诗》和其他的神话传说）的方式不断在民间传颂，使他们的信仰系统、价值体系和生活方式自然沿承至城邦时期。

第二节　古希腊泛城邦赛会与基于宗教的教化传统

一　德行追求作为城邦赛会举办的初衷

从上一节我们了解到，体育竞技最初是贵族展示德行的一种方

---

① 因此，我们不能仅以定期举行的赛会制体育来作为古希腊体育的特色，因为这种传统是从贵族竞技会自然沿承下来的。

② ［英］H. D. F. 基托：《希腊人》，徐卫翔、黄韬译，上海人民出版社 2006 年版，第168 页。

式。古希腊贵族将生命之自然特性发挥到最好、最完美的程度，具备常人所理解的卓越品性，并通过相互之间的身体竞技将这种品性展示出来。对他们而言，身体各方面的竞技能力正是反映个体德行最重要的方式之一，因此，当人们需要去展示或者追忆个体德行的时候，竞技会就会成为一个必然的选择。

在只有传说故事还留有痕迹的黑暗时代，英雄们在重大场合，都会举办这样的竞技会。然而，这样的竞技会受到两个方面的限制：一方面受限于特殊的贵族群体，因为只有他们才有足够的时间、精力和金钱举办重大的赛会，而普通人群为谋生和生存奔波，是不会也不可能为这样的行为付诸实际的；另一方面受限于时机，英雄在动乱、经济不富裕的时代中也很难确保稳定的、周期性的赛会形式。

然而，当历史上被称为"黑暗时代"慢慢过去之后，多利安人进入希腊本土，随后希腊出现了人口复兴，城邦繁荣，以及随之而至的殖民和新建城邦的活动，也将共同的信仰推广到整个希腊地区。这样，古希腊古老的贵族式体育模式就慢慢地发生了变化。首先是古希腊四大周期性体育赛会的形成。从公元前 8 世纪到公元前 6 世纪，古希腊城邦背景下先后出现奥林匹亚竞技会、皮提亚竞技会、地峡竞技会和尼米亚竞技会这四大全希腊的体育竞技赛会，并向所有希腊公民敞开。除此之外，原来希腊周期性的地方赛会也越来越具有体育竞技的特点，并开始向其他希腊城邦开放。接下来，在城邦发展的繁盛时期，在公元前 6 世纪到公元前 4 世纪，各个城邦开始涌现出大大小小的体育训练场地，作为城邦专门的教育机构。

古希腊赛会是从最初的古奥林匹亚竞技会开始的。对于古希腊奥林匹亚圣域对宙斯的祭祀为何演变成了完善的体育竞技赛会，王以欣认为，在"黑暗时代"和国家（城邦）形成的雏形时期，伯罗奔尼撒半岛西部的小酋长和新兴城邦的首领，为了获得声望和地位开始在公共祭礼的奥林匹亚圣域展现自己，"奥运会的最早比赛项目'单程赛跑'本来是一种祭礼行为，最后演变成竞技项目，因为这种比赛给早期贵族提供了展示自身超凡体力、提供声望的良机，而后来新增的车马比赛则成为贵族炫耀财富、博取名声的手段"。① 这样看来，最初的奥林匹亚竞技可能就是在共同的宗教场所展示德行和神恩以此来赢得社会地位的竞赛行为，它的实质就是贵族竞技会。

随着希腊城邦政治经济的发展，古奥林匹亚竞技会逐渐稳固竞技周期，拓展竞技内容，遂发展成为古希腊特色的体育赛会制度。② 古奥林匹亚竞技会是纪念宙斯的赛会，有人认为，早在公元前884年就已经开始；有人认为，在公元前776年以前已经举办过13届赛会。不过比较公认的观点是奥运会始于公元前776年③，随着奥林匹亚赛会的影响力慢慢扩大，古希腊所有拥有共同信仰的城邦都渴望加入到这样的赛会竞赛之中，以在宙斯和公众面前展示自身之卓越。早期参赛为的运动员大多来自伯罗奔尼撒半岛西部的各个城邦（多为多利安人所建立），后来慢慢地扩展到东部，到了公元前7世纪，奥林匹亚赛会已经发展成为全希腊最负盛名的赛会。④ 起先的赛会体育就是直接跑向宙斯的祭坛，随着其发展，赛会的项目慢慢丰富起来，形成具有传统竞技会色彩的多种项目⑤（参见第100页的图，其中，左上图为奥林匹亚竞技会武装跑、左下图为奥林匹亚竞技会拳击、右上图和右下图为奥林匹亚竞技会赛跑及驾车）。

在奥林匹亚赛会制度逐渐完善之后，它的影响蔓延到古希腊的其他地区和其他原有的宗教仪式活动。古希腊地区的各大赛会都具有悠久的历史。比如，在德尔菲圣域对阿波罗的崇拜大致从公元前1000

① 王以欣：《神话与竞技——古希腊体育运动与奥林匹亚赛会起源》，天津人民出版社2006年版，第47页。

② 陈村富：《古希腊奥林匹亚赛会考》，《浙江大学学报》（人文社会科学版）2008年第2期。

③ 王以欣：《神话与竞技——古希腊体育运动与奥林匹亚赛会起源》，天津人民出版社2006年版，第47页。

④ 同上。

⑤ 古代奥林匹亚竞技会项目包括场地跑、长跑、五项全能、摔跤、拳击、角斗、四马战车赛、赛马、少年五项全能、武装跑、骡车跑、牝马跑、双马车赛等。参见李力研《体育，希腊人的自由——读黑格尔〈历史哲学〉片段》，《北京体育大学学报》2002年第1期。

年至公元前800年就开始了；① 尼米亚祭祀可能是在公元前6世纪以前；而地峡的祭祀活动在大约公元前11世纪兴起，公元前7世纪出现庙宇和祭坛。然而，随着古希腊各大城邦在共同信仰和价值背景中的联合以及城邦自身的发展，这几个著名的古希腊赛会都调整了过去的崇拜仪式和竞技行为，并按照奥林匹亚赛会的方式进行了重组。皮提亚赛会纪念的是太阳神阿波罗，其音乐和体育竞技古已有之，但在公元前586年由古希腊近邻同盟仿照奥林匹亚竞技会的模式重组了赛会，吸收奥林匹亚竞技会的几乎所有体育项目，并丰富了音乐比赛；② 地峡赛会大致在公元前6世纪初就建有两个运动场，公元前580年据

① 王以欣：《神话与竞技——古希腊体育运动与奥林匹亚赛会起源》，天津人民出版社2006年版，第85页。

② 也有人认为，重组皮提亚赛会的时间是在公元前582年，即第一届皮提亚赛会的年会。参见王以欣《神话与竞技——古希腊体育运动与奥林匹亚赛会起源》，天津人民出版社2006年版，第89页。

说举办第一次竞技赛会，仿效皮提亚赛会的竞技项目;① 尼米亚赛会在公元前573年创办第一次竞技赛会来纪念"尼米亚的宙斯"②，其竞技项目都类似于奥林匹亚竞技会项目。阿尔戈斯的赫拉至少早在公元前5世纪就已经被当作宙斯神的妻子，对他们两者结合的庆典仪式则通过赫拉节表现出来③，而赫拉节也逐渐成为古希腊重大的体育赛会（尤其女子体育赛会）之一。雅典的泛雅典娜赛会后来将所有希腊城邦开放的部分称为"大泛雅典娜赛会"，其中也体现出了很多奥林匹亚竞技会的特色。

在这些赛会的重组完成之后，几乎古希腊所有赛会都有着清晰的宙斯崇拜的特征。伴随着这些竞技崇拜活动的发生，还有对这些赛会起源神话的窜改（第一章有提及，不再详论），以符合其信仰特点。

虽然说古希腊的体育起源神话就已经能够反映出古希腊人对于秩序之神、天空之神宙斯信仰的痕迹，但是，真正到了古希腊城邦时期，对于宙斯的崇拜才在所有城邦的信仰体系中占据主导。由奥林匹亚竞技会带动的古希腊其他重大的赛会，都显现出对于宙斯崇拜的虔诚。因此，从这个意义上说，米勒所说的古希腊体育受到强烈的多利安人的影响，是非常正确的。多利安人进入希腊地区的时间与古希腊城邦体育的发展几乎同步，因此，很可能多利安人的信仰状态深刻地影响了当地古希腊人的信仰状态，并导致了城邦时期古希腊体育中对宙斯的绝对崇拜。

二　对起源意义的遗忘：古希腊赛会暗藏的危机

古希腊重大赛会的初衷是在他们所信仰的神灵面前展示自己的德行，以及自己在他者之前的优越地位。也正是这种原因，古希腊的赛会才越来越具有影响力，并发展成为特殊的赛会体制，即以古希腊的

① 也有人认为，重组皮提亚赛会的时间是在公元前582年，即第一届皮提亚赛会年会。参见王以欣《神话与竞技——古希腊体育运动与奥林匹亚赛会起源》，天津人民出版社2006年版，第109—112页。

② 同上书，第98页。

③ Arthur Bernard Cook, *Zeus: A Study in Ancient Religion*, Cambridge University Press, 1940, p. 1045.

四大赛会为主导的周期性的赛会制度。同时，因为所有古希腊人分享同样的神话，并借此也分享了同样的宗教和信仰模式，古希腊的赛会才可能不局限于单独的城邦，而向所有希腊公民敞开。

然而，在体育竞技会的影响力越来越大之后，所有的赛会几乎都面临着同样的观念变化的危机：最初的赛会是因为追求德行而举行竞技，其终归是一种展现基于信仰的贵族式生活方式；而在竞技会的影响力极大提高后，则转变成为对于贵族式生活方式的简单模仿，似乎进行体育竞技就意味着德行的获得。

德行和体育竞技，原本在实质意义上并没有明确的区别，然而，如果遗忘了德行的本源性意义而将体育竞技的胜利简单地理解为德行的实现，就极大地偏离了竞技会的初衷。

三 赛会机制如何保障德行在起源意义上的纯洁性

（一）赛会地址、场馆设计、仪式和程序的象征性

首先，各种赛会会址都有祭祀神灵的场所，以提醒人们存在监督人是否具有真正德行的神灵。宙斯是终极存在的神灵，他主宰人的命运，并察看一切人类行为，因而在古希腊的重大赛会领域几乎都有宙斯的神殿、神坛、神圣之域，或神像。比如，在奥林匹亚的宙斯圣域，就有大大小小的宙斯雕像若干，其中，在奥林匹亚圣域的一个最恐怖的宙斯像是一个双手握闪电的宙斯，被称为保护誓言的宙斯（Zeus of the Oath）。波桑尼阿斯认为，他对罪者具有震撼心灵的力量。① 除宙斯之外，在古希腊赛会会址还有其他的各类神像，如太阳神阿波罗、智慧女神雅典娜等。

其次，所有赛会场所均体现出一种神圣的自然性，人为痕迹不多。比如，古奥林匹亚，在圣域中有一片神圣的橄榄林，圣域附近还有一座小山，名为"克洛诺斯山"，两条河流在这里交汇，一条为阿尔菲俄斯河，另一条为克拉丢斯河，整个环境似乎是"远离凡尘的世

---

① 转引自 Stephen G. Miller, *Ancient Greek Athletics*, Yale University Press, New Haven and Londen, 2004, p. 120。

外仙境"①，而其基本设施在赛会最初的 200 年左右除了祭坛就寥寥无几，在公元前 6 世纪左右发展之后，其基本设施也很少，"观众们要渡过更艰苦的赛会时光。他们从土堤上观看比赛，或坐或站"。② 整个环境表明，这个区域是一个由神主导而不是人主导的地方。德尔菲的地峡赛会也是类似的情况。

最后，在所有赛会场所，几乎都有提醒起源性存在的象征性事物，例如圣火。据载，奥林匹亚圣域西北角的议事厅供奉着永不熄灭的圣火，由宙斯的祭司和裁判带领着队伍从这里出发，开始奥林匹亚赛会正式的献祭，他们要经过圣域大大小小的几十个祭坛，献祭结束后，奥林匹亚比赛才能正式开始。③ 据戴维·桑森说，在奥林匹亚竞技会上还有圣火点燃仪式，参加单程场地跑的选手，他们跑步从远离宙斯祭坛的位置跑向宙斯祭坛前，而优胜者则可以点燃祭坛上的宙斯

圣火（参见左图：奥林匹亚跑步优胜者在祭坛上点火），并且这种单程跑点燃圣火的仪式也见于德尔菲对阿波罗的祭祀以及其他祭祀之中。④泛雅典娜赛会的城市雅典也奉有常年不熄的圣火于议事大厅，但它没有圣火点燃仪

式，只有圣火火炬传递仪式（参见第 104 页图：火炬传递仪式）。

圣火究竟又具有什么样的内涵呢？圣火的设立，正是要显明空间的开创者、绝对秩序的神灵宙斯的存在。

---

① 王以欣：《神话与竞技——古希腊体育运动与奥林匹亚赛会起源》，天津人民出版社 2006 年版，第 35—36 页。

② 摩西·芬利语，转引自王以欣《神话与竞技——古希腊体育运动与奥林匹亚赛会起源》，天津人民出版社 2006 年版，第 67 页。

③ Stephen G. Miller, *Ancient Greek Athletics*, Yale University Press, New Haven and Londen, 2004, p. 121.

④ David Sansone, *Greek Athletics and the Genesis of Sport*, University of California Press, 1992, pp. 82 – 83.

最初的火，乃是天降神火，为宙斯的雷霆所赐。因此，古希腊的英雄都崇拜火，火葬传统也与对天空神灵的崇拜传统相关，在《荷马史诗》中，在特洛伊战死的英雄实行了火葬，以"给他们安慰"。① 古希腊悲剧中所说的代表技艺的神灵普罗米修斯盗火给人类正是从宙斯手中盗得。"从前人类有眼看不见，有耳听不见"②，而火带来了光亮，让人视见。人类发明了技艺之后，才能自己生产光照和温暖之源而不必索求于宙斯。古希腊奥林匹亚竞技会的点火仪式是由优胜者将宙斯祭坛中的火点燃，意味着宙斯通过选取有德行的人而将公共教化空间打开，宙斯祭坛中的火正是一种回溯来自宙斯的起源力量的行为。而关于雅典的圣火传递仪式有两种说法：根据波桑尼阿斯的描述，圣火传递仪式是从普罗米修斯的祭坛开始；而据普鲁塔克的描述，是从爱欲之神的祭坛开始。③ 不过，波桑尼阿斯的记述和普鲁塔克的记述很可能都是描述雅典繁盛时期的情况。根据米勒在其书中收录的图片，火炬接力的景象常见于公元前430年至前400年的雅典瓶画，这一时期正是雅典城邦较为繁盛的时期。米勒书中还提到了一个非常有趣的火炬传递现象，即泛雅典娜节的圣火火种从雅典"学园"（Akademy）的体育馆取出并在卫城雅典娜的祭坛上点燃，以此来作为雅典娜节庆献祭的首选，庆祝雅典作为

---

① ［古希腊］荷马：《荷马史诗·伊利亚特》，罗念生、王焕生译，人民文学出版社1994年版，第165页。

② 转引自刘小枫《昭告幽微：古希腊诗品读》，Oxford University Press, Hong Kong, 2009, p.41。

③ Stephen G. Miller, *Ancient Greek Athletics*, Yale University Press, New Haven and London, 2004, p.141.

一个完整城邦。① 笔者推测，很可能最初的 Akademy 并不是指"学园"，而是学园所在的神圣区域，在很早的时候，这一圣域里面就有英雄卡德摩斯的祭坛，有普罗米修斯的祭坛、火神赫斯托淮斯的祭坛，有古希腊英雄赫拉克勒斯的祭坛、古希腊神赫尔墨斯的祭坛，还有一片宙斯的神圣橄榄林。到公元前 6 世纪中期，这个区域才增加了爱欲之神的祭坛。后来，柏拉图建立"学园"之后，又建立诗歌之神缪斯的祭坛。如果是这样的话，早期的圣火火种很可能在这个神圣区域中的某个地方点燃，甚至很可能开始就源自宙斯或者赫拉克勒斯。因此，泛雅典娜的竞技会很可能最初也是为了追溯来自起源的力量。

此外，古希腊严格限制了参加赛会的人员。古希腊所有赛会的参赛人员，都要求必须是希腊城邦的公民，并且，除少数的赛会如赫拉赛会外，几乎都要求男性参加。对此，赛会要进行极为严格的审查，并要求在宙斯神像前宣誓。品达指出，参加奥林匹亚竞技必须通过各种审查，运动员必须被证明是自由人（Freeman）、有着纯希腊血缘（pure Hellenic blood）、没有被剥夺公民权（Atimia）、没有渎神行为（nor guilty of any sacrilegious act），并事先进行了 10 个月的集训（preparatory training for ten months previously），这样，才能最终进入赛会比赛。② Freeman 意味着没有被奴役，意味着没有听命于他人或他物，意味着拥有自由的意志，从而可以在具有宗教性质的参与中保持其心意的纯正；pure Hellenic blood 意味着其父母和祖先祭祀同一个神，拥有由同一个神所开启的公共祭祀空间；Atimia 在古代雅典民主制中是一种剥夺公民权的形式；被剥夺公民权的人，没有荣誉和价值，被禁止参与一切集会；没有渎神行为，也清楚地表明了这种活动意义是宗教性质的。如此严格的审查制度，表明了赛会制度中的公共空间具有神圣性，参赛者必须以纯正的心意追溯起源神灵，才具备进入公共空间的资格。

① Stephen G. Miller, *Ancient Greek Athletics*, Yale University Press, New Haven and London, 2004, p. 141.

② Pindar, *Odes of Pindar*, London: Bohn's Classical Library, p. 6.

在古希腊城邦赛会中花费大篇幅谈论关于古希腊体育的神性起源问题，就是因为，在古希腊人看来，获得德行的最重要的原因，正是基于起源之逻各斯的展开，是源于最高秩序对人的赋形，是在意义世界中对人的成全。离开这些神圣的起源，离开意义的世界，人的德行就是没有根基的。因此，可怕的并不是比赛的失败，而是在比赛中对于人之德行原型的遗忘。

（二）敬虔与德行：关于誓言、审查和惩罚

古希腊各种节庆赛会都是祭神的重要仪式，参加比赛并获得荣誉的人都会获得世俗社会极大的尊敬，他们被传颂、树碑立传，被人们尊为有"德行"的人。品达曾经有首诗歌赞美在公元前446年获得奥林匹亚拳击冠军并在其他三场古希腊体育赛事中赢得四场比赛的Diagoras："噢，我父宙斯，请为一位奥林匹亚的优胜者荣耀做首诗，并荣耀他在拳击赛中表现的著名的德行（arête）。"①

然而，在各大赛会中享受到巨大尊荣的人，首先要经历重重的检查，确认有希腊人血统，行为正直合宜；接下来要经历艰辛的赛前训练，遵守严格的规定和安排；再就是来要在比赛中成为项目的冠军，成为优胜者。这样的人，才是各大赛会所尊崇的人，他被认为体现了传统希腊人的优秀特点，被当成英雄看待。

要进入比赛、进行赛前训练并参与竞技活动，事先需要经过重重的审查和考验。为了保证比赛的严肃性和纯洁性，古希腊的赛会仪式都有着极为严格的规定。比如，在奥林匹亚竞技会上，运动员在伊利斯的训练结束，准备进入奥林匹亚比赛时，比赛的裁判（Hellanodikai）会将所有运动员召集起来颁布命令："如果你的辛苦配进奥林匹亚，如果你没有任何好逸恶劳或卑鄙下流的行为，就鼓足干劲进入征途；没有得到这样训练的人可以离开去任何想去的地方。"② 比赛开始前的早上（8月7日），教练将通过对运动员和其父兄教练的情况进

---

① 转引自 Donald G. Kyle, *Sport and Spectacle in the Ancient World*, Blakwell Publishing, 2007, p. 201。

② 转引自 Stephen G. Miller, *Ancient Greek Athletics*, Yale University Press, New Haven and London, 2004, p. 118。

行检验，以对运动员的年龄分组进行划定，并组织宣誓，正式宣誓地点在 Zeus Horkios（保护誓言的宙斯）雕像之前，誓言据波桑尼阿斯记录如下："在所有宙斯的像中，'议事会厅'供奉的宙斯像最能震慑罪人之心，其名为'誓言之神'，双手各执一件霹雳武器。按照习俗，运动员及其父兄以及他们的教练员，要在该雕塑旁，在切碎的野猪肉前宣誓，绝不违背奥运会规则。运动员还宣誓说，他们严格按规则进行了连续 10 个月的赛前训练。"① 在正式比赛的当天，圣火点燃之后，运动员进场时，组织者将会依次根据进场运动员的顺序来宣布他们的名字、父亲的名字以及他的城邦，看公众之中是否有声音质疑他们的合法性。② 这样看来，古希腊奥林匹亚竞技会这一直接祭祀宙斯的赛会对参与运动员的出身和品性有着极高的要求。

除奥林匹亚赛会具有审查制度外，古希腊的其他赛会也具有不同程度的审查制度。比如，古希腊的"泛雅典娜节"每年举办一次，只向雅典的公民开放；这一节日每四年就会办成一次"大泛雅典娜节"，开放范围则是全体希腊人。王以欣在其书中提到，对雅典娜的宗教节庆活动对参与者是有要求的，"大泛雅典娜节"中只有奥运会的规范项目对全体希腊人开放，而铭文记载的地方传统项目如赛马、双马战车赛、双马战车列队赛、骑马投矛比赛、上下车比赛、骑马对冲比赛、以部落为单位分为三个年龄组进行的"皮里科斯舞"比赛、按部落参赛的男子选美比赛、火炬接力赛和划船比赛都只对雅典公民开放。③ 事实上，雅典的"大泛雅典娜"节庆承载了两种不同的功能，分别服务于全体希腊人和雅典本地人，服务于全体希腊人的部分承载着对全希腊共同的神——最高的神灵宙斯的祭祀；而服务于雅典本地人的部分则承载着对雅典保护神雅典娜的祭祀。因此，围绕着不同的

---

① 转引自王以欣《神话与竞技——古希腊体育运动与奥林匹亚赛会起源》，天津人民出版社 2006 年版，第 63 页。

② Stephen G. Miller, *Ancient Greek Athletics*, Yale University Press, New Haven and London, 2004, pp. 121 - 122.

③ 王以欣:《神话与竞技——古希腊体育运动与奥林匹亚赛会起源》，天津人民出版社 2006 年版，第 115 页。

祭祀空间，产生了两种不同的审查模式。

经过严格的审查只是参与比赛的前提。赛前训练和比赛是十分辛苦的。Epictetus 曾记述道，要在（奥林匹亚）比赛中获胜，一个人必须"遵守教训，按规矩吃东西……依照固定日程和确定时间进行锻炼……不能随意饮水或喝酒。必须把自己完全交给教练，好像病人把自己完全交给医生。在比赛中，可能会抓破别人或被人抓破，会经常扭伤手腕，扭坏脚踝，吞下大口沙子，以及被鞭打。在这一切之后，还可能输掉比赛"。① 除奥林匹亚赛会外，德尔菲的皮提亚赛会、科林斯的地峡赛会也是如此，他们把运动员召集起来，对他们说："现在去运动场，成为配得上取胜的人。"② 因此，参加训练和比赛，必须付出十分艰辛的努力，经受意志上的巨大考验。

在这些训练和比赛之中，有趣的是教练员被允许鞭打犯错的运动员，米勒认为，这是除裸体竞技之外的希腊特色③（参见下图：手持鞭子的教练）。鞭打别人在古希腊正常的城邦生活中是不被允许的，没有审判就不能惩罚。然而，在赛会训练和竞赛中，鞭打运动员是为了惩戒在比赛中的不圣洁和不严谨的行为，其目的并不是指向平等的

---

① Donald G. Kyle, *Sport and Spectacle in the Ancient World*, Blakwell Publishing, 2007, p. 198.

② 转引自王以欣《神话与竞技——古希腊体育运动与奥林匹亚赛会起源》，天津人民出版社 2006 年版，第 61 页。

③ Stephen G. Miller, *Ancient Greek Athletics*, Yale University Press, New Haven and London, 2004, pp. 17 – 18.

城邦生活，而是指向对创造秩序和美好的神灵的敬虔与对德行的严格要求。在古希腊奥林匹亚赛会中，所有裁判员均是通过选举产生，并履行一定的宗教职能，因此，裁判员惩戒犯错的运动员的行为具有宗教意义上的合理性。与此相对照的是，古希腊裁判员几乎没有留下任何丑闻，因此，裁判的惩戒行为就更具有宗教意义上的合理性了。对于受惩戒的运动员来说，受责打也并不存在冒犯的问题，而是一种德行完备的个体为了帮助运动员的个体德行实现的正当性的途径。

从这一点可以看到，古希腊传统中，城邦的律法服从神的律法，教育的法则高于世俗的法则，敬虔和纯洁的意义超越平等而成为更高的追求。

无论是誓言、审查还是惩罚，都表明古希腊城邦赛会制度中对参与赛会仪式人员的严格要求，其目的就是保证整个赛会仪式之中的纯洁性和严肃性。而这一指向最终是为了达到对神灵的敬虔，以及由此保障运动员最终获得无瑕的德行。

（三）德行与荣耀——关于冠冕和其他特权

前面提到，古希腊的很多赛会都是在圣火的光照下进行的，这意味着对于起源力量的追溯行为，并且，很多赛会竞技中单程跑的优胜者都被获准点燃宙斯祭坛中的圣火。对于古希腊人而言，这一直接接近神性力量的人获得了诸多的祝福，是被神灵所眷顾的人，也是有德行的人。

除圣火点燃的特许之外，在古希腊赛会为获胜者戴上由植物做成的冠冕，最终确定其优胜地位。古希腊奥林匹亚赛会给运动员戴上的是橄榄枝冠，皮提亚赛会是月桂冠，尼米亚赛会是野芹菜冠，地峡赛会是松冠，公元前5世纪改为野芹菜冠，后来又是两种并用。植物做成的冠冕，都是与神圣起源故事相关的，不同的赛会中使用的不同植物都是在这些起源神话中提及的具有特殊意义的神圣植物。希腊人通过将这些植物枝叶做成冠冕，就是要通过这一物象来回溯赛会的神圣起源。而以戴上冠冕作为最终确定一个运动员是否成为优胜者的标准，则意味着将获胜者作为神圣起源意义的获得者（参见下图：胜利女神为优胜者加冕）。

从这个意义上，古希腊所有的冠冕赛会无一不是民族记忆和信仰的承载体，这些赛会回溯着沉入历史深处的起源，通过特殊的空间形式重现了起源的现象，并设置重重考验给参与其中的运动员个体，以实现体育起源所生发出的德行要求，然后被赛会的点火以及冠冕仪式所拣选的那些超于常人的具有德行的人，又被续写进入起源神话中，如此，世代延续下去。

正是缘于这种特殊的城邦传统，其不断用新的德行获得者来续写这神圣的起源神话，古希腊的体育优胜者才会常常被当作英雄看待。仅仅是天赋优于常人是很难被看作英雄的，因为英雄在古希腊人中被看作是神灵和人的后代，他们不仅具备优秀的血统，而且在死后还能庇荫后人和母邦。所以，在古希腊人那里，英雄不仅是优于常人的，更是神圣的。然而，在古希腊诸多赛会中涌现出来的优胜者都被看作英雄，其中不乏现在看来近乎愚蠢的人。比如，波桑尼阿斯记述的一位 Skotoussa 地方的 Polydamas，他曾获得过公元前 408 年奥林匹亚竞技会格斗（或搏击，Pankration）比赛冠军，他的力量惊人，曾掰掉巨大公牛的牛角，并斗赢一头猛狮，然而，有一次，他和朋友进入一个山洞，山洞开始垮塌，但他极为自信，要顶起坍塌之处，结果最终被活埋在了山下。[①] 就是这样的一位运动员死后也仍然被认为具有魔力，民间甚至传说他在奥林匹亚的雕像治愈了崇拜者的发烧。[②] 这种近似荒唐的崇拜，如果不从古希腊神圣起源的角度来理解，真是很难解释得通。正是缘于对城邦神圣起源传统的守护，古希腊赛会的优胜者会带着巨大的荣耀回到家乡，并在自己的母邦享受终身免餐的优

---

① 转引自 Stephen G. Miller, *Ancient Greek Athletics*, Yale University Press, New Haven and London, 2004, p. 161。

② 同上。

惠，被人树碑立传，写入城邦志，被后人传颂。

综上所述，从关于纪念起源的象征性做法、审查、誓言和惩罚制度以及对待优胜者的态度来看，古希腊体育赛会的目的无非都是对人的行为进行一定的规训。因此，古希腊的赛会本身并不仅仅是一场竞技比赛，更是一场担任宗教特殊使命和教化任务的神圣竞技，古希腊人需要在共同的信仰之中虔敬地参与，自觉地接受这些教化带来的对自身身体和行为的规训，以训练自己的德行。

第三节　古希腊城邦体育馆传统与教化体系的成熟

古希腊城邦体育赛会属于定期的仪式性竞技会，而平时古希腊人进行体育活动的场所则是体育馆。体育馆不仅是古希腊人的公共场所，而且是古希腊公共的教育机构。

一　追求德行作为体育馆创建的初衷

在各大圣域之中，关于体育场地的修建，首先出现的是用于单程跑的跑道（stadium），一般是跑向祭坛的一条道路，具有明显的宗教祭祀效果。其次出现的才是体育馆。奥林匹亚圣域中前十几届竞技赛会都只有单程赛跑，后来才增加其他项目，如赛马、搏击、摔跤、五项全能、少年拳击等运动，因此，很可能奥林匹亚圣域的体育场馆于公元前 6 世纪或公元前 7 世纪的时候修建；[①] 在阿波罗圣域，出现前面提到的体育馆和摔跤场到了大约公元前 4 世纪；[②] 尼米亚宙斯圣域先后建过两个运动场，一个在公元前 6 世纪，另一个在公元前 4 世纪，约公元前 330 年。可考证的公元前 4 世纪的体育馆就是一种混合

---

　　① 王以欣：《神话与竞技——古希腊体育运动与奥林匹亚赛会起源》，天津人民出版社 2006 年版，第 49 页。
　　② 同上书，第 87 页。

型的体育馆。① 地峡圣域之中也先后建过两个运动场，一个在公元前
6 世纪，属于典型的单程跑道；另一个在公元前 4 世纪，也许就是一
种体育馆。② 由此看来，体育馆最初作为一种体育竞技活动的场馆，
在希腊赛会中最早可能出现于公元前 7 世纪至前 6 世纪。联系前面提
到的奥林匹亚竞技会对于参赛者德行的严格要求，以及其对于参赛选
手为期 10 个月的严酷训练，我们可以推测，体育馆的建设最初是为
了训练人的德行所建，而奥林匹亚竞技会的兴盛或许也直接带动了其
他赛会体育馆的修建及其教化职能的行使。

现有资料表明，关于"体育馆"的说法至少在公元前 6 世纪中期
以前就已经在古希腊出现了③，考虑到当时古希腊奥林匹亚竞技会的发
展已经具有相当规模，城邦体育锻炼的风气日盛，体育锻炼场所也成为
社会需要，体育馆当时成为人们的谈资应该是不足为怪的。

而希罗多德将体育馆的创建归功于僭主克里斯提尼。④ 克里斯提
尼是公元前 6 世纪前期的人，据说，他自己曾经获得奥林匹亚竞技会
的冠军，他还有个女儿。为了让自己的女儿找到全希腊最为出色的夫
婿（最具有 arête——德行的人），因此，召集所有认为配得上这一荣
耀的人来到他的城邦，而他也修建了赛跑和摔跤的地方给他们。⑤ 作
为一个在奥林匹亚获得过优胜者的最高统治者，克里斯提尼无疑十分
认可奥林匹亚竞技会所传递的德行价值，而为了使有德行的人在众多
的人群中能够真正被选拔出来，克里斯提尼很可能模仿了赛会的组织
形式，建立专门的场馆，以确保选拔的准确性。这可能是最初城邦的
体育馆产生的雏形。所以，设立体育馆的初衷，很可能就是模仿神圣
竞技会的方式，而建造专门的场馆来训练和选拔有德行的人。如此一
来，这种宗教性的活动就开始成为世俗中的自觉行为。

---

① 王以欣：《神话与竞技——古希腊体育运动与奥林匹亚赛会起源》，天津人民出版社
2006 年版，第 98 页。
② 同上书，第 109 页。
③ 同上书，第 323 页。
④ 同上。
⑤ 同上书，第 324 页。

到了公元前 6 世纪中期和晚期，体育馆的说法在古希腊人中就比较常见了。① 公元前 6 世纪至前 5 世纪的体育馆大致是有围墙的花园，内设跑道和摔跤场。② 在生于公元前 5 世纪的柏拉图的对话中，出现了私人体育馆，而柏拉图自己也是体育馆"学园"的创办者。

古希腊体育馆从最初出现到后来城邦和私人的创建，都将传统的德行理想作为一种基本诉求，这一点也成为敞开古希腊体育馆教化空间的基础。

二　体育馆建筑：依据自然秩序对人造空间的赋形

（一）古希腊人对于空间概念的理解

空间的实质乃是人之存在的场域。人们对于存在处境的理解不同，就会导致对空间含义理解的差异。古希腊人认为，人的存在乃是基于自然的秩序，而这一秩序因为指向了绝对的秩序之神，所以，他们在追求秩序的过程中既诉诸理性，同时又不将理性绝对化而具有开放性的特点。因此，古希腊人所理解的空间也大致体现了相应的特性：首先，空间具有神圣性；其次，空间具有秩序性或者说形式化的特性。另外，空间也体现了在诉求秩序过程中的开放性。

寻求空间表象背后的秩序化空间传统，尤其是在古希腊数学和哲学发展成熟之后，显得格外突出。公元前 6 世纪左右的哲学家毕达哥拉斯大概是发展古希腊的这种形式化理解的人。毕达哥拉斯认为，宇宙间的一切事物，无论物质的还是精神的，从天体运转到季节到音乐和灵魂，无一不可从数学得到理解，他和他的学派相信神通过数来统治宇宙，数是隐藏着的但对事物运动起着直接的推动力量。因此，毕达哥拉斯和他的学派通过提倡数的意义，为古希腊人认识万事万物背后所隐藏着的秩序开启了一扇窗户。毕达哥拉斯学派还崇拜火，他们认为，火是宇宙的中心③，这种特点与古希腊的圣火传统所敞开的空间意象似乎有所联系。古希腊哲学家赫拉克利特（公元前 530 年至公

---

① 雅典的戏剧诗人在剧作中提到过体育馆，说明已经是城邦的常见事物。

② 王以欣：《神话与竞技——古希腊体育运动与奥林匹亚赛会起源》，天津人民出版社 2006 年版，第 324 页。

③ 吴君：《赫拉克利特"逻各斯"范畴之哲学意蕴》，《社会科学辑刊》1999 年第 2 期。

元前 470 年）同样强调火，并用火的概念表达了宇宙空间的秩序化和
变化性的特点。他说："这个有秩序的宇宙（科斯摩斯）对万物都是
相同的，它既不是神也不是人所创造的，它过去、现在和将来永远是
一团永恒的活火，按一定尺度燃烧，一定尺度熄灭。"① 火本身是动力，
并且火本身也是形式和尺度，火本身既是永恒的又是变化的，将宇宙
变化比作火的燃烧，意味着宇宙本身的动力和源泉都是运动中的奇妙
平衡。赫拉克利特又说："'逻各斯'是一种以太的物体，是创生世
界的种子，是确定了周期的尺度。"② 而以太是燃烧或着火的意思。③
章雪富分析说，赫拉克利特所提到的火之变化的"尺度"（measure）与
"比率"（ratio）来自同一个希腊词语：λογοσ，即是逻各斯的意思。④
赫拉克利特认为，万物共享同一个逻各斯，意思是说万物在共同的秩
序中运动和变化着。谢文郁认为，赫拉克利特的火就是起源，就是
一。⑤ 因此，赫拉克利特通过将火作为一种起源性的存在，而阐述了
存在本身的秩序化意义。从现代科学角度来看，当今天文学所提到的
宇宙大爆炸或者大膨胀学说，其实指的就是宇宙起初由于一种巨大的
力量而突然出现了类似爆炸的现象，产生了最初的（火）光，并且从
此之后就进入一种有尺度的运动之中。这样看来，古希腊人圣火的传
统和关于圣火的秩序性的理解是不是表明他们拥有洞察宇宙的智
慧呢？

　　古希腊人认为，空间的秩序在神圣的观照之中，本身就是一种确
定性与不确定性的结合，或者说一种封闭性与敞开性的结合。个体生
命需要进入当下的世界，必须依赖具体而丰盈的时空，因此，空间必

---

　　① 转引自洪涛《逻各斯与空间——古代希腊政治哲学研究》，上海人民出版社 1998 年
版，第 153 页。
　　② 转引自余德华《论赫拉克利特哲学中的"逻各斯"》，《浙江学刊》2000 年第 1 期，
第 26 页。
　　③ 同上。
　　④ 章雪富：《早期希腊的辩证法和公共空间》，《杭州师范学院学报》（社会科学版）
2002 年第 5 期，第 28 页。
　　⑤ 谢文郁：《论中西哲学分化的逻辑起点——古希腊本原论和〈老子〉哲学比较》，
《苏州大学学报》（哲学社会科学版）1988 年第 1 期，第 13 页。

然具有固定的一个点或者一个面。然而，个体生命在当下的生存境遇中又必须不断地寻求自然发展的秩序性意义，因此，空间就必然要求从一个点或者面向未知的领域敞开。这种特殊的象征内涵，古希腊人将其表达为两个神灵：赫斯提和赫尔墨斯。赫尔墨斯是信使之神，为宙斯和女神迈亚所生，在奥林波斯圣山担任宙斯和众神的使者，又是司畜牧、商业、交通、旅游和体育运动的神，还是小偷们所崇拜的神。他是宙斯最忠实的信使，为宙斯传达消息，也被解释学者称为代表解释的神灵。迈亚女神是地极之神的女儿，因此，宙斯与迈亚所生之子，具有到达地极的能力，或者说具有到达极限之处的能力，他传达宙斯的旨意，"是来自远方并准备即刻启程的旅客"，"在空间和人世，他代表着运动、变迁、状态的改变、过渡以及各种新奇事物的交流"。① 赫斯提则是炤（照）火之神，是直接坐落在土地之上的神，为女性的形象，她表现为家庭和城邦的圣火（炤火）。最初的炤火是古希腊人由同一个英雄（由神而生的人）流传下来的后裔，围绕同一个祭坛，将祭坛上的火放置于家族房屋的中心而成；城邦形成后，由不同的家族组成的城邦，再共同地围绕同一个炤敬拜同一个神，因而在城邦的中心（如议事厅②）存放着城邦不能熄灭的公炤，炤火发展为城邦公共的炤火。炤火象征着在大地繁衍生息的持久性力量，是大地房屋的中心，是确定的一点，是家庭、族群和城邦依据的根基。

　　赫尔墨斯和赫斯提，这最初源于绝对秩序和意志之神宙斯的两个重要的神灵，分别代表着人类的无限和限定、开放和封闭、外在和内在。维尔南认为，这两者的对立关系代表着"古代空间观念中的张力：空间要求一个中心，一个具有特殊价值的支点，人们须以这个支点为导向，以它来确定各种存在本质差异的方面；但空间同时也呈现

---

　　①　［法］让·皮埃尔·维尔南：《希腊人的神话和思想——历史心理学分析研究》，黄艳红译，中国人民大学出版社2007年版，第161页。
　　②　议事厅，即 Prytaneion，在古希腊指的是城邦执行官和政府人员所在的地方，一般可以用来表达城邦政府人员集会之处，或用来指奥林匹亚竞技会的官员和优胜者聚会的地方。议事厅一般位于城邦的中心，并且保有常年不熄的圣火赫斯提。

为一个运动的领域，这就意味着存在各点之间的位移和过渡"。① 也就是说，关于人类生存和生活的所有空间领域，是一个以确定的点为中心，向不确定的点移动的过程，这一过程也就是从赫斯提到赫尔墨斯的过程。古代希腊的圣火仪式和圣火传递仪式，就很有这种空间观念的意味。无论是家庭还是城邦，都必须在圣火的光照之中才能生存和繁荣，位于家庭和城邦中心的圣火能够把火光传递到家和城邦的各个角落，因此，圣火必须长燃不灭，圣火以及保留圣火的祭坛（炤），"是确定性、不变性和永久性的象征和担保"，是"人类空间拓展的中心和组织原点，这个支点可以与大地合二为一，可作为宇宙永恒的中心"。② 当圣火被传递并点燃在其他城邦，则意味着确定空间在同一起源的光照下的扩大。燃烧在古代希腊赛会上的圣火，在其闪烁的光芒中，被古代希腊人解读出了关于宇宙终极秩序的秘密，在世界空间的形成之中，逻各斯以一种运动和变化的普遍方式彰显着自身的确定性存在。

（二）古希腊体育馆建筑的特色

根据罗马时代的建筑学家 Vitruvius 所记录的情况，古希腊的体育馆一般有两种：一种被称为 Gymnasium，另一种被称为 Palaistra。对于这两者的翻译，目前国内并没有达成一定的共识。两者的建筑结构是不同的。一般来说，古希腊的 Palaistra 主要是一种四方的建筑结构，中间有一片空旷的庭院，头顶天空，四围则是一些由大立柱支撑的带屋顶的廊柱式房间，有的依靠墙壁设有条凳，有的则没有条凳，有条凳的房间可用来教授知识。在 Palaistra 里面，中间的庭院主要用来进行拳击、摔跤以及格斗或者搏击的；庭院北侧由两根大立柱支撑的房间主要用来教授年轻人他们母邦的传统和遗产，并训练他们如何成为合格的公民；庭院东头房间分别用来打沙袋、涂抹灰尘或者粉末以及洗浴；庭院左侧有房间用于存放橄榄油。米勒认为，实际上洗澡室可

---

① ［法］让·皮埃尔·维尔南：《希腊人的神话和思想——历史心理学分析研究》，黄艳红译，中国人民大学出版社 2007 年版，第 163 页。

② 同上书，第 160 页。

能在左侧，并且，可能还有衣帽间，用于裸体运动员穿脱衣物。Pal-
aistra 还有用于有游泳池的房间以及用作其他用途的房间。① 与此相应
的是 Gymnasium。Gymnasium 指的是专门的体育训练场地，这种场馆
比 Palaistra 大，一般中间有空坪，头顶天空，三面有房，一面敞开。
Gymnasium 有两面提供室内跑道，与其外面的室外跑道呈平行结构，
其中一面和相对应的室外跑道可能为短跑准备，另一面和对应的室外
跑道可能为长跑和跳远准备；Gymnasium 中间的空坪主要用来进行投
掷标枪和石饼。因此，Gymnasium 很明显是直接依据专业体育训练要
求而建的。② 古希腊地方的很多体育场馆是 Gymnasium 和 Palaistra 结
合在一起的混合模式，这样的场馆既可以用来进行全面的教育，也可
以进行专门的体育比赛。或许是由于这样的原因，人们提到古希腊的
体育场馆时，有时一概以体育馆（gymnasium）称之，泛指古希腊进
行体育、音乐、习俗律法（以及后来发展出来的哲学）综合进行训练
的场所。

古希腊的体育馆建筑充分地体现了古希腊人的空间观念，这些建
筑具有以下特点：

第一，古希腊的体育馆均坐落在宗教圣地，表明其空间拥有神圣
源头。古希腊各个组织赛会仪式的圣域都拥有很多这样的场馆。前面
提到的古希腊奥林匹亚竞技会开赛前为期 10 个月的培训，就是在这
样的场馆中进行的。除各大竞技赛会的体育馆之外，城邦其他体育馆
也不例外。以雅典为例，雅典城邦繁盛时期的三座著名的体育馆，分
别为阿卡德米（Akademy）、吕凯翁（Lykeion）和库诺萨尔格斯
（Kynosarges）。阿卡德米早在柏拉图在此办学之前的公元前 6 世纪就
已成为一个体育活动的中心区域，这里环境优美，是"泛雅典娜节"
火炬赛跑的起点，不仅如此，阿卡德米在很早的时候就是一个神圣的
地方，里面祭祀着雅典地方英雄卡德摩斯、泰坦神普罗米修斯、火神

① Stephen G. Miller, *Ancient Greek Athletics*, Yale University Press, New Haven and London, 2004, pp. 177 – 178.
② Ibid. , p. 180.

赫斯托淮斯、古希腊的英雄赫拉克勒斯、宙斯的信使之神赫尔墨斯，以及神圣的宙斯；吕凯翁体育馆坐落在雅典城东南，在古风时代是一个祭祀阿波罗（阿波罗·吕凯俄斯）的宗教圣所，后来成为一个体育和文化中心。而库诺萨尔格斯则是英雄赫拉克勒斯的圣域，并且至少在希腊古典时代就成为一座体育馆。[①]

　　第二，体育馆建筑具备充分的开放性。古希腊建筑朝向天空敞开，且内部空间丰盈（参见左上图），这与克里特建筑（参见右上图）、中世纪欧洲的建筑（参见左下图），以及中国的建筑风格（参见右下图）都非常不同。古希腊的体育馆一定会保证中间有一块空地，可以头顶天空；而支撑体育馆四面（或三面）的立柱，高大修长，既可以支撑建筑结构，又可以保证每一面的空间都敞亮，而且能够朝向空地敞开。此外，体育馆外侧的墙体，有时候也会采取小立柱

---

① 参见王以欣《神话与竞技——古希腊体育运动与奥林匹亚赛会起源》，天津人民出版社 2006 年版，第 331—332 页。

的形式，以保证体育馆各个房间的充分开放性（参见左图：古希腊体育馆模拟图），古希腊的这种建筑空间模式又被形容为"开放的单体空间布局向高空发展"。①

第三，建筑结构比例要求相当严格，是建筑秩序化的典型。古希腊的立柱结构一般会按照经典的数学比例进行设计，比如黄金分割等，为建筑带来美感。而建筑平面构图一般采取正方形、1∶2 的矩形以及黄金比例的矩形，这样的结构十分美观协调。

第四，同一个建筑物具有多种空间功能，以服务于个体身心发展的多种可能。在古希腊体育馆的同一座建筑空间中，个体可以进行多种活动，比如，竞技、洗浴、交谈、音乐和休息等（参见下方左上图：竞技者在刮澡和交谈、右上图：竞技者与手持鞭子的教练、左下图：运动员在音乐声中跳跃、右下图：弹琴），因此具有发展个体身心的完整价值。

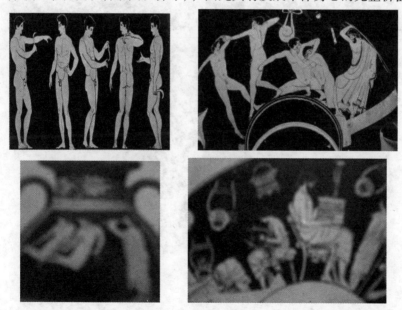

---

① 张小迪、史艳红：《试析中西方古建筑之异同》，《山西建筑》2007 年第 9 期，第 58 页。

三 裸体竞技：生命之自然形态的秩序性追求

（一）裸露的身体竞技：从自然到自然美

体育馆的英文 gymnasium，其同源词 gymnikos 的意思是"裸体的"，因此，"体育馆"这一单词本身就意味着这是一个裸体竞技的场所，"体育馆的竞技就是裸体比赛"。[①] 传统的裸体竞技项目主要有五种，即赛跑、五项全能运动、拳击、摔跤和搏击[②]（参见左上图、右上图和下图）。而古希腊体育最有特色的地方之一就是裸体竞技，这种方式在世界体育史上都是非常少见的，即便是继承了古希腊传统的古罗马，也没有像希腊人一样发展出对裸体竞技的热爱。

① Stephen G. Miller, *Ancient Greek Athletics*, Yale University Press, New Haven and London, 2004, p. 13.

② 王以欣：《神话与竞技——古希腊体育运动与奥林匹亚赛会起源》，天津人民出版社2006年版，第142—211页。

关于裸体竞技的创始，据说是缘于 Megara 的一位叫作 Orsippo 的人，他在跑步时衣服滑落，露出健美的身体，人们感慨他美丽，因此，后来的比赛和竞技中都采用裸体的形式；也有人称其创始于一位叫作 Akanthos 的斯巴达人。据说，这样的裸体竞技开始于公元前 720 年左右。

对于古希腊人来说，裸体意味着去掉身体上的人为附加的成分，使身体的自然特点完全而充分地展现。进行裸体竞技，要将人的身体和身体的运动能力暴露出来。在裸体竞技之中，个体身体的自然特征没有任何遮拦，自然的性特征无疑也就充分暴露出来。因此，古希腊的裸体竞技，展现出古希腊人对于人完整的自然属性的接受和容纳。这种对于生命自然的赞美和尊崇在别的国家很难见到，正是在这一点上，古希腊人体现出比其他各个地区和时代的人对于人之自然的更大的包容性和开放性。

现有的考古资料显示，古希腊的裸体竞技还有一种很奇怪的现象：古希腊陶器画面中，一些男性运动员用带子缠住自己的生殖器。这种现象至今仍令古典学者疑惑，不知运动员的这种行为究竟是为了提高运动能力还是为了提高性吸引力。[①]

在竞技场中，自然的裸体非常具有吸引力，这被很多人解释为由于自然的性吸引力所致。我认为，完全用性吸引力这一说法不足以解释古希腊的裸体竞技的盛况。在古希腊，裸体并不只是个人行为，而是达成整个城邦生活共识的群体行为，甚至是城邦的法律要求，因此，其中必然存在某种能够获得共识的价值追求。

关于裸体的自然吸引力的例子中，最典型的是亚西比德试图诱惑苏格拉底的故事。柏拉图的《会饮篇》描述道，古希腊当时的美男子及政治家亚西比德，非常钦慕苏格拉底（参见右图：苏格拉底在战争

---

① Stephen G. Miller, *Ancient Greek Athletics*, Yale University Press, New Haven and London, 2004, pp. 12 – 13.

中救下亚西比德），并试图用充满魅力的身体诱惑他，却没有成功，因此，他特意在竞技场与苏格拉底进行裸体竞技，可是，苏格拉底仍然不为所动。[①] 当时的亚西比德之所以选择进行裸体竞技，可能因为他认为自己在裸体竞技的状态下的身体更美好，因为据说他"健美身材所散发出来的魔力使最明智的伙伴也感觉自己像一头狮子爪下不停颤抖的小鹿"。[②] 然而，苏格拉底并不否认亚西比德身体的美好，也并非不热爱身体的美好，但他却更热爱灵魂的美好和美好本身，因为这样的美好比身体的美好更广大、更丰盈、更永恒，因此，并没有因为亚西比德的身体就发展出性的行为。如此看来，身体的美好并不必然与性吸引力相关。

在这里就出现了一个问题，竞技中的裸体所具备强大吸引力的原因究竟是什么呢？

当我们观赏古希腊遗留下来的裸体运动员的雕塑时，不仅不会产生低级的快感，反而会得到一种升华。例如，古希腊的经典雕塑"掷铁饼者"，表现的是一个准备抛掷铁饼的人体，年轻人弯曲腿部，向前弓腰，呈"S"形的姿态，重心落在右足；身躯朝右后扭转，右臂抬高，握紧铁饼，像一张拉开的弓，似乎准备随时将其倾力掷出。雕像的整个人体修长结实，肌肉隆起，腿、胸、腹和手臂隐藏着呼之欲出的力量；更令人惊叹的是，雕像的面部宁静肃穆而专注，使整个人体顿时充满了神圣之美（参见左图：掷铁饼者）。

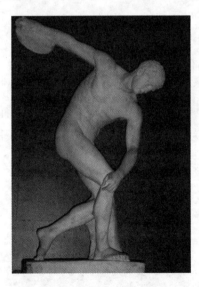

---

① ［古希腊］柏拉图：《柏拉图的会饮》（西方思想家经典与解释），刘小枫译，华夏出版社 2003 年版，第 106 页。

② ［英］弗朗西斯·麦克唐纳·康福德：《修昔底德——神话和历史之间》，孙艳萍译，上海三联书店 2006 年版，第 164 页。

　　从左边的掷铁饼者图我们可以推测，裸体之所以普遍，可能与古希腊人对身体之自然美好的推崇有关。自然的身体本就是奇妙的，而通过训练使自然奇妙的身体变为美好就更使人赞叹了。在体育馆中进行的裸体竞技，不但提供了一个让身体自然充分展现的空间，也提供了让身体的自然美充分发展的空间。在体育竞技中，运动员活动着自己的身体，使身体各个部分的潜在力量发展起来，随着体育活动，身体的各个部分及机能也在发生变化，体育活动不断变化，身体的能力也在不断变化。故而，裸体竞技其实乃是为身体自然形态的发展提供了无限的可能性。身体在无限充分的可能性之中，可以发展出一种姿态的协调感，以及身体和心灵和谐的最佳状态，也就是我们前面所说的"arête"状态。比如，掷铁饼者雕像中的裸体竞技者，他的身体呈现出丰富的姿态，既有放松又有紧张，既立足于一点，又充分向未知的空间敞开，既严肃又平静，既庄重又活泼，整个雕像呈现出一种恰到好处的自然之和谐，好像人的身体动作本来就应该是那个样子的。

　　因此，由于身体自然在形式的变化中达到了最完美的和谐，裸体竞技很可能开拓了一个古典美的空间。古典美是一种基于自然的形式化的追求，当事物之形式和质料统一，展现出其最佳的形式，即 arête 时，美就得以体现。因此，古希腊裸体竞技乃是基于在对 arête 的理解基础上所形成的关于美的理解，这也是古希腊美学的一个重要特点。

　　（二）体育馆中的竞技、音乐与言辞：此在的与超越此在的

　　前面提到，古希腊的体育馆空间具备多种功能。在中间空地中，可以进行摔跤、角力和搏击，旁边的小房间可以进行沙袋练习，具备专业训练和竞赛功能的场馆还具有室内和室外跑道，并可以在室外空地中进行标枪和铁饼训练。总的来说，古希腊的体育馆为身体的训练提供了多样的训练空间，目的是促进身体功能的全面发展。

　　不仅如此，除进行这种多样化的身体训练之外，体育馆还备有衣帽间和洗浴室，可以让人放松身心并进行交流。此外，还有条凳的房间，可以进行学习和交谈、教授母邦的传统和遗产、进行修辞和哲学训练等。实际上，在古希腊的瓶画中，我们还经常可以看到有吹笛或

者演奏其他乐器的人、在进行体育锻炼的人或者擦油的运动员身边，因此，体育馆也是进行音乐训练和欣赏的场所。总之，这种场馆是一种可以集教授知识、进行身体训练、放松心灵等功能于一体的对人的身心进行全方面综合训练的场所。

在体育馆中，裸体的个体之间相互进行身体的切磋琢磨，这种空间是此在的和现时的，也是变化的，而当个体和个体之间进行知识上的研究、修辞和逻辑上的辩证与生命意义的探讨时，此在的世界就跨入永在的世界，个体的心灵就超越了身体所在，而进入民族记忆和绝对存在的永恒之中。

音乐的作用更是如此。音乐本身就是一种质料和形式的完美结合，它既作用于当下的个体，又将当下空间中的个体带入特殊的情境和氛围之中。通过音乐，个体可以直接跨越当下，进入形式化的更为抽象和永恒的世界。因此，在体育馆中进行竞技、音乐和哲学，意味着对个体进入当下空间的敞开，个体不仅以最真实的身体进入当下的空间，而且以最真实的身份进入永恒的世界。个体在体育馆所建构的空间中，得以超越当下，向上提升，从而达到身心的和谐发展。

（三）体育馆中的律法："他者"如何存在

在体育馆中进行竞技，这就意味着个体与个体之间的差异会不可避免地显露出来。人的生命本身存在自然差异，当个体在体育馆中以裸体的形式出现时，差异就直接显现了；在裸体竞技中，个体的自然差异性则更为明确地显露出来。首先是身体的自然构造：有的人身体高大美丽，有的人矮小精瘦，有的人强壮结实，有的人修长健美。再者是身体的自然功能，即运用身体的能力的差异：有的人奔跑得快，有的人力量大，有的人迅速，有的人敏捷，有的人精明，有的人蛮勇。要想明了不同的人的特点，只要看看裸体竞技比赛就知晓了。跑步竞技，能看出谁更为迅速；拳击竞技，能看出谁更有力量和更能忍受痛苦；角力，能看出谁更有力量且更敏捷和精明，等等。古希腊人为了全面检验一个人运用自己身体的能力，还有一项特殊的比赛，即五项全能运动，在这项运动中，运动员的力量、速度、灵敏性、狡猾、忍耐力等多项能力都能得到展现。希腊人认为，这些人被神灵所喜爱，把他们当作神灵一样看待。除在竞技中展示差异之外，体育馆提供了进行言辞交流的空间，因此，个体与个体之间也能在言辞中觉察出差异。

差异性的存在是古希腊城邦公共空间得以存在的一个基本前提。自然之差异构成城邦不同个体彼此的依赖，城邦以区分个体不同的差异性而作为公共生活敞开的根基。而这种倡导个体差异性的观念，古希腊人称为"agon"。在政治演说，以及诗歌、戏剧、政治甚至农业劳动中，古希腊人都喜欢比赛，"在一种 agon（agon——最初有体育竞赛的意思）中与他们的对手一决高下"。①

而体育馆，无疑为个体自然差异存在提供了最本真的呈现场所。体育馆，乃是为个体提供了大量的他者，他者形成了个体的周围和世界。对于不同的"他者"的这些差异性，体育馆是予以保护的。通过律法，体育馆构建了一个公正的平台，既可以维持体育馆的职能和秩序，确保"他者"与"他者"之间的平等地位，又可以保证他者之差异性的呈现。而体育馆的律法则诉诸城邦空间的保护神（宙斯、赫拉克勒斯和赫尔墨斯）来作为合法性的根基。②

古希腊的律法首先是从体育馆空间的管理和维持者——体育馆教师——开始进行规定的。古希腊体育馆的教师具有很多权利，例如，鞭打违规者等，他们必须保证公正性的立场，并履行体育馆进行宗教献祭的职能，以此来保证体育馆空间的平等公正性。公元前 3 世纪一篇关于古希腊大理石上刻录的关于城邦体育馆法律的内容的描述提到，负责教导学生行为的体育馆教师（gymnasiarchos）必须在城邦的选举中随同其他城邦官员一同选出，同时还需要按照以下方式立誓言："我以 [？]、以赫拉克勒斯和以赫尔墨斯的名义起誓，我将会依

____

① ［英］保罗·卡特利奇：《剑桥插图古希腊史》，郭小凌、张俊等译，山东画报出版社 2005 年版，第 211—213 页。
② 古希腊提到的城邦体育守护神，一般指的是三位神灵，宙斯、半人半神的赫拉克勒斯和信使之神赫尔墨斯。对于宙斯和赫拉克勒斯我们在前面做了很多的分析，古希腊人将这两位神灵看作自己的守护神，表明古希腊城邦延续了古希腊的信仰传统，承认象征绝对意志和绝对秩序的神灵的存在，承认传统德行（arête）的意义和价值。而信使之神赫尔墨斯被作为城邦体育的守护神，是从什么时候开始的，则很难考证。

照体育馆的法律成为一名体育馆教师，我所行一切事情都会尽到最恰当的举止，保证不会凌驾于法律之上；我对我的朋友不会有特殊偏爱，也不会对我的敌人施行不公正的伤害；我不会偷取为年轻人准备的财产，并且在我可能知道或发现的情况下，也不会允许任何其他人偷取。如果我遵循誓言，请赐予我一切的福祉；如果我违背我的誓言，请赐予一切的厄运。"① 除此之外，体育馆的教师还有组织在特定节日向赫尔墨斯祭献并进行体育训练的责任。②

除此之外，古希腊的律法还规定了在给他者造成伤害的情况下，年轻人的行为所必须遭受的惩罚。一份估计在公元前 5 世纪的法律文件，详细规定了年轻人之间在日常行为中由于碰撞以及争吵而带来不同伤害所要承受的不同惩罚。③

因此，古希腊体育馆的做法是通过律法而确保竞技者与竞技者之间，即个体与"他者"在同一空间之中的平等地位，来保障不同"他者"差异性的存在。而保障空间中的差异性，也是为了以自由的品性来追求共同的德行。城邦习俗和法律规训的体育馆教育的意义，在于它首先肯定人之自然生命存在的合理性，然后，在此意义上根据城邦自然秩序形成的法则对身体行为进行规训。它既能欣赏人之身体性存在的意义，又能为身体性存在寻找一条基于德行的规训途径。正是在此意义上，这种通往自由之途的教育模式，能最大限度地提升人的自然属性，使人在基于现世存在的基础上超越现世存在，使人从变化运动的世界达到永恒的世界。永恒的世界并不仅仅停留在遥远彼岸，更是扎根在现世生命存在的美好秩序之中。

四 古希腊体育馆制度形成的教化系统

古希腊的体育馆制度乃是一种立足于古希腊城邦的人为自觉的教

① 引文中 [？] 部分为原始文本缺失。转引自 Stephen G. Miller, *Ancient Greek Athletics*, Yale University Press, New Haven and London, 2004, p. 134。

② 转引自 Stephen G. Miller, *Ancient Greek Athletics*, Yale University Press, New Haven and Londen, 2004, pp. 136 – 137。

③ Ilias Arnaoutoglou, *Ancient Greek Laws: A Sourcebook*, Routledge, London and New York, 1998, p. 34.

化体系。它既不同于古希腊贵族基于习俗的教化方式，也不同于古希腊基于宗教仪式赛会的教化方式。它依赖城邦传统的价值系统，诉诸公共空间的敞开，具有十分鲜明的依据自然空间法则而人为建构教化空间的味道。

追寻起源意义的德行是古希腊体育馆制度的价值根基，为了追寻起源意义上的德行，古希腊人在体育馆中以空间的象征方式展现起源力量的存在，并以音乐、修辞和哲学不断回溯起源的内涵。同时，他们也以法律和习俗的方式确保个体自然生命潜力的充分展开以保障德行追求的实现。

在体育馆这一希腊城邦的人为空间中，宙斯之子信使之神赫尔墨斯是空间的保护神。赫尔墨斯传递宙斯的永恒旨意，同时也指向空间的变化与敞开。指向永恒和绝对秩序的宙斯超越人的认识而存在，个体生命只能体验它，不能穷尽它，因此，作为宙斯信使的赫尔墨斯也就必然意味着敞开空间体现变化。赫斯提在场的（前文曾提及）、赫尔墨斯守护的城邦体育馆空间，指向着人之自然生命存在于此时此地，但又永远处于探寻和超越的过程之中。这样的意蕴，正是在体育馆空间的意向、特征、用途、律法等各个方面所体现出来的。古希腊人的生命由此显出一种特色，既不脱离现实，又具有终极的关怀，既具有深远的变化和无穷的批判性，又不断寻找到确定性的路径。在产生意义的绝对秩序与生命在场的最真实体现——裸体——之间，赫尔墨斯充当的就是一个中介者，一个生成者，一个空间的打开者，他基于城邦的德行传统引导身体之形塑的方向，承认自然裸体的合理性来给予生命一个"赫斯提"的基点，并通过身体之无限可能性的展开来推动人对于生命的意义和秩序的不断理解与寻求。由此，古希腊的体育馆承载着起源意义上的德行价值，同时又敞开不确定性的探求来丰富和完善对于起源德行的理解。

体育馆制度基于传统的德行价值，通过竞技、音乐、传统知识和修辞（哲学）来不断地敞开空间，回溯起源，因此，它具备了一种完备的教化价值，能够训练人之身心的和谐，并提升人之存在的维度。古希腊的体育馆绝不仅仅是进行身体训练的体育场所，而且是立足于自然秩序之美好并进行身体规训的城邦教化场所。

正是在这种意义上，古希腊的体育馆制度所开启的教化方式和生活方式乃是美好而完整的。这种教化方式从一开始就具有健康的倾向，而健康的生活方式使人与人之间产生健康的情感，并产生对于公共空间和传统的热爱。正是因为这样，我们才能理解古希腊人对于城邦和城邦体育馆的热爱。在欧里庇德斯的悲剧《腓尼基人》中，被放逐的忒拜王子波吕尼科斯一心想返回故国，其中最让他怀念的是"抚养他长大的体育馆"。① 雅典人对自己的城邦生活的热爱尤甚。雅典政治家伯里克利在他的公众演讲中，提到雅典人的勇敢并不是从其他地方而来，是从由传统带来的城邦生活方式中而来。② 正是由于对城邦之美好生活的确信，雅典人在历史中创造了许多奇迹。可以说，古希腊体育馆教育提供的正是一个热爱现实生命并形塑生命美好秩序的公共场所，正是因为这样，它体现了古希腊城邦教化的最高价值。因此，古希腊的体育馆制度，也标志着古希腊完整的教化体系的形成。

---

① 参见王以欣《神话与竞技——古希腊体育运动与奥林匹亚赛会起源》，天津人民出版社 2006 年版，第 327 页。

② ［古希腊］修昔底德：《伯罗奔尼撒战争史》，谢德风译，商务印书馆 1960 年版，第 145 页。

第四章 古希腊教化传统的堕落与
体育在逻各斯中的重构

人类最早的教化，来自对神灵的信仰。古希腊的教化也体现了这一点。在此基础上，古希腊原初意义上的体育乃是与教化一体的，两者的价值诉求都是由信仰而产生的德行。在后来漫长的岁月中，古希腊人通过保有对起源的鲜活记忆，在体育活动中实践了德行的传统。然而，当技术高度发展。人的骄傲和狂暴日益突出之后，神圣起源面临着被人遗忘的危险，德行则失去了神性的根基，体育和教化也出现分裂和堕落。这一精神危机在古希腊城邦鼎盛后期开始显现，并迫使古希腊人以一种有别于神话话语的方式——哲学——对起源重新追溯。这种追溯重新开启了古希腊教化的空间，打开了人类精神家园的另一扇门。

人类乃是真正生活在话语（言语）之中。

古希腊人称话语为"逻各斯"。

第一节 古希腊城邦体育和教化传统的变化

一 古希腊体育起源意义的遗忘

（一）体育圣火仪式的变化

前面几章提到，"火"在古希腊传统文化中一直是一个极富象征意义的意象，古希腊人最初就有崇拜"火"和光的传统，并且将来自天上的"圣火"供奉于家庭和城邦的中心，用以铭记敞开人之为人的空间的神灵宙斯。然而，公元前5世纪左右开始，这一情境渐渐地发生了变化。

从公元前 5 世纪左右起，古希腊的技术文明慢慢地发展起来，制陶、冶炼、加工等技术性的产业获得了发展。尤其在雅典地区，原本贫瘠的阿提卡地区发掘出了大量制陶的红土、优质的大理石以及珍贵的金属矿脉，这些都极大地推动了雅典社会经济的变化。雅典以工商业为主的平民开始在城邦社会中占据越来越重要的地位，并开始诉求自己的政治权力，雅典开始进行一系列的政治变革。同一时代，古希腊的其他城邦的社会经济和政治领域也开始发生变化，这些变化导致了两种情况：一种是民主制，另一种是僭主制，城邦社会各部分成员根据不同的利益和实力而导向了不同的治理模式。

在这个古希腊社会经济和政治变化的时期，"火"的意义发生了重大变化。过去的"火"来源于天，是光明之源和温暖之源，保存好天火，意味着呵护了种族发展的源泉。而后来，"火"慢慢地成为人类可掌握的事物，它是技术发展最重要的力量，并可以随着人们不同的操纵力量而生产不同形态的工具和产品。古希腊的工商业阶层伴随对"火"的力量的掌控而发展，他们心目中的"火"，已经不再是神之"火"，而变成了人之"火"，古希腊人尊崇的火之源泉的神灵，就不再是宙斯，而是从宙斯手中盗火给人的普罗米修斯。现存的据传是埃斯库罗斯的悲剧作品《普罗米修斯》，讲述的就是这一故事。宙斯因为眼见人类的罪恶，因此，不再降火给人类，人类世界一片凋败的景象，普罗米修斯是一位泰坦神灵，他用诡计欺骗宙斯并将宙斯的神火藏在茴香茎中偷偷地带给人类，从此，人类获得了火的使用权。正因如此，普罗米修斯一直被誉为人文主义的伟大英雄，正是他开启了人类技术文明的新时代。古希腊人对普罗米修斯的尊崇意味着对人工具性技艺的肯定以及对自然权威的反抗。

伴随着"火"的意义的改变，古希腊的"圣火"仪式发生了变化。就在普罗塔哥拉技术文明论发表（公元前 452 年至公元前 442年）后约 10 年之间，普罗米修斯在雅典的政治地位大幅度上升，据说，雅典人为他建立专门的祭坛，并为他确定法定节日，在节日期间会有歌剧演出和火炬赛跑。① 在火炬赛跑中，"在普罗米修斯祭坛点燃火把，赛跑者把圣火带到城中目的地，赛跑经过的路线大多是工厂，那里的工艺制造都离不开火"。② 在传统的体育圣火仪式中，圣火的起点意味着光照的来源，圣火的途径意味着光照的空间，圣火的终点意味着生活需要被赋予秩序和光明的部分。传统的圣火仪式，乃是从最高的秩序和绝对的法则"宙斯"开始的，而自雅典人开始这样的地位被赋予普罗米修斯，火炬赛跑也从宙斯的祭坛转移到普罗米修斯的祭坛，这意味着人们开始将公共生活和个人生活的起点追溯到人的技艺而不是自然秩序。随着对普罗米修斯的火炬赛跑兴起的，还有从冶炼神赫淮斯托斯祭坛开始的火炬赛跑以及从作为冶炼神的雅典娜③祭坛开始的火炬赛跑，其性质与普罗米修斯的火炬赛跑性质是相近似的。

火炬赛跑形式的变化，并不仅仅是具有象征性的事件，而是反映时代精神和行为变迁的标志性事件，代表着技艺文明的胜利和人对工具性价值的重视。人们意识到可以脱离客观绝对律令的主宰而诉诸人自身的力量，万事万物可以在人的价值评判的基础上重新建立秩序。这就是智者产生的时代根源。

这个时代是一个"宙斯"被遗弃的时代。

（二）信仰和德行的迷失

古希腊著名的诗人阿里斯托芬曾就当时人们对宙斯的遗忘以及所引起的古希腊社会风气的变化进行了辛辣的讽刺。阿里斯托芬是古希腊著名的喜剧作家，其生活的时间在公元前 450 年至公元前 388 年之间，即从雅典赢得和波斯的战争之后的伯里克利执政到斯巴达和雅典之间的伯罗奔尼撒战争，以及雅典的三十僭主当政以及人民反抗的这个时期。

阿里斯托芬的喜剧《云》，借"逻辑甲"之口，怀念了一个充满

① 参见刘小枫《昭告幽微：古希腊诗品读》，Oxford University Press，2009，Hong Kong，第 8 页。普罗塔哥拉是早期的智者，在阿里斯托芬一节对其有介绍。

② 同上书，第 8—9 页。

③ 雅典娜是智慧女神，也是雅典城邦的保护神，因此，在雅典冶炼技艺发达的时代，也被赋予了冶炼神的意义。

美德而不是诡辩的旧时代，那个时代有"正直的德行"，"人人都遵守贞洁、谨慎、廉耻和节制"，而与此相对照，当时阿里斯托芬时代的希腊已经发生了变化，"它不再是为自由与文明而战，却是在民主政体的雅典城与寡头政体的斯巴达的领导下之间互争雄长"，"是一种很可怜的堕落"。① 比之过去的那个时代，阿里斯托芬将他所在时代的精神解释为："霸道式的唯智主义与民主时代的德行简朴分离了，这是那时代的标志。"②

很显然，阿里斯托芬认为，他所处的时代的"德行"已经不再是过去古希腊传统意义上的德行，他那个时代的德行虽然有德行之意，但追求的不再是人性的高度和社会的正义，而是一种充斥着霸权主义的低级较量以及一种道德意义上的堕落。阿里斯托芬认为，整个城邦陷入巨大的危机之中，糜烂取代节制，腐败取代公正，孱弱取代健康，猜疑和畏惧取代勇敢，迷信和神秘主义取代理性和智慧。阿里斯托芬指责

所谓的"霸道式的唯智主义"，可能指的是人们对于自身理解世界和掌握世界的理智的充分自信，不过，也正是在这样一种自信中，人类理性的缺陷被放大，不敬虔的心灵开始失去谨慎和节制，而成为"傲慢的"。

阿里斯托芬宣称他所在的那个德行堕落的时代，乃是失落了宙斯的时代，他说，宙斯把重要的地位让给了雅典娜和酒神③，（参见左图：雅典娜女神像）这句话很值得人们思考。雅典娜象征智慧，酒神象征生命、自然和欢乐，何以宙斯将地位让给雅典娜和酒神，竟成为城邦堕落的根源呢？

在这里，我们仍然要回到古希腊的贵族德行传统中去寻找答案。

① 罗念生：《罗念生全集》第四卷，上海人民出版社 2004 年版，第 232 页。
② 同上书，第 238 页。
③ 同上书，第 241 页。

我们前面分析到，古希腊贵族德行传统乃是在宙斯所开启的空间之中形成的。因为宙斯是绝对的秩序之神，他在空间中的在场意味着绝对的正义存在，他赋予了共同的敬拜者同等的地位，并使人们将个体是否具有德行作为他的恩典的证明。因此，古希腊传统意义上的空间，乃是由对绝对超验的存在的信仰所敞开的空间，并以德行的追求作为空间敞开的动力。前章所提到的古希腊城邦的三种教化方式正是以此为基础形成的。然而，技术发展带来了社会生活的改善，平民力量的增强带来了古希腊的民主制改革，而改革带来了公民对于城邦现有形式的空前的信心，对城邦的信念根深蒂固甚至被人为夸大；而物质繁荣带来的享受也极大地激发了人们的骄傲和欲望，人们渐渐地失去了对敞开城邦公共空间的秩序源头的敬畏，逐渐地偏离了德行传统。

雅典娜乃是智慧女神，是雅典城邦的保护神，象征着雅典所代表的城邦理想。酒神乃是经历生命自然变化的神灵，象征生命的沉醉和享乐。所谓宙斯将自己的地位让给了雅典娜和酒神，实际上，指的是雅典人开始以对城邦和人的信心替代对自然生命终极秩序源头的信心，并以此作为开启城邦空间的起源性力量，也就是用人的智慧和人的欲望来推动城邦公共空间的形成。

二　古希腊教育和体育的异化现象

古希腊体育传统开始发生变化，体育不再是人们基本的生活方式和教育方式，而是蜕变成为职业技能。除斯巴达因为特殊的原因而巩固了传统的军事竞技传统之外，这一变化几乎发生在全部希腊地区，尤其发生在雅典及其他技艺文明发达的地区。与此相应的是，城邦的教育也慢慢地窄化为辩才和诡计。

阿里斯托芬在他的喜剧中叹息："旧日的简单的教育也崩溃了。"在过去的教育中，孩子们歌唱和谐的音乐，在健身场上有规范的行为，"磨炼出来的智慧是这样崇高显耀！纯洁的美德从你的言谈里吐出甜蜜的花香！"① 并且"那种教育……养成了马拉松的英雄"。在过

---

① 罗念生：《罗念生全集》第四卷，上海人民出版社 2004 年版，第 193—195 页。对于这样一种教育传统，罗念生还援引了其英译本原编者所撰写的前言进行了说明。

去那种教育中，每个年轻人都要接受音乐教育、智力训练与体育运动，现在运动比赛变成专门职业，而"运动场上没有人运动"①，运动员变得粗鲁而野蛮，而非运动员则变得孱弱而怯懦（参见右图：职业拳击手）。

阿里斯托芬尤其强调健身场和体育对人的教育作用，似乎这种教育形式在城邦的堕落中消失得更为彻底，而其影响也更为明显。他对于旧教育和当前教育对人造成的差异进行了比较。他说："你若按我说的行事（指旧教育的形式——作者注），用心思去做，你会有结实的胸膛，明亮的皮肤，宽宽的肩膀，舌头短，屁股鼓起，阳物紧缩。但你若追求时尚（指当时所倡导的教育理想——作者注），你会面带病容，肩膀瘦削，舌头长，屁股塌陷，阳物下垂。"②

为什么在智者和僭主时期，竞技成为一种区别于传统生活和教育的职业形式呢？因为，立足于德行追求的体育活动，是需要长期的自我节制和艰苦努力的。节制与艰难无疑十分有利于人自身去过好的生活，然而，它很难带来立竿见影的效益，更难直接带来金钱与权势。因此，如果没有完整的信仰和价值体系的引导，人们会容易屈从本能，将生活的重心放在对追求利益和满足欲望更具直接效果的事情上，从而将体育和教育作为赢利的手段，而非磨砺德行的方式。由此，体育竞技开始作为一种职业逐渐地淡出个体的公共生活。我们可以看到，阿里斯托芬在剧作中，对竞技活动在城邦中的衰败十分痛心，他不仅怀念这一竞技活动，更怀念这种竞技的活动所代表的旧的教育，以及蕴含在这种旧教育中的追求传统德行的生活方式。

---

① 罗念生：《罗念生全集》第四卷，上海人民出版社 2004 年版，第 238 页。

② ［古希腊］阿里斯托芬：《云》（1009—1019）。转引自［法］瓦诺耶克《奥林匹亚运动会的起源及古希腊罗马的体育运动》，百花文艺出版社 2006 年版。这一由徐家顺所译的著作，与罗念生所译的略有不同，它里面所说的关于"阳物紧缩"和"阳物下垂"的语言，在罗念生的译作中是没有的，这一翻译，指出了体育对于性能力的作用。

三　古希腊城邦教化空间坍塌的危机

随着对起源意义的遗忘所出现的，不仅仅是古希腊教育和体育的异化现象，更是古希腊城邦教化空间坍塌的危机。原来由于追寻绝对秩序而敞开的神话话语，在无形中构筑了古希腊人通过理性寻求生命实践的意义支撑，也由此使古希腊教化具有超越此在的终极维度。然而，在神话思维遭到挑战、起源的终极存在遭到遗忘的时候，古希腊人的话语和言说方式分裂成两种不同的形态。古希腊具有自觉意识的教化者徘徊在回溯起源和继续下降的选择中。

如何重新回到传统意义上的起源？在雅典，寻求这一答案的苏格拉底，被城邦判处了死刑。

（一）不同的逻各斯：哲学的两种取向

在人类的主体性姿态被扩大的时代，基于技艺理性的思考消解了宗教之维，传统意义上的起源性神灵究竟应该以何种方式"在场"就成了一个问题。这时，哲学作为一种新的回溯世界起源的方式进入到古希腊人的生活之中。在那个特殊的时代，古希腊城邦中出现了两种不同的哲学：一种是以苏格拉底为代表的哲学，强调人之"无知"，并试图探讨超越人的宇宙智慧之所在；另一种是以智者学派为代表的哲学，强调人作为智慧和价值的核心。

"智者"英语为 Sophist，原意是追求智慧的人，可能最早是指试图探究整个宇宙的本质和结构的哲学家。不过，后来这一词专门指代在古希腊公元前 5 世纪到公元前 4 世纪期间专门以教授青年而获取报酬的职业教师，这些人善于辞令，敏于辩论，训练公民口才以鼓励公民参与政治生活，故而在当时的社会很受欢迎。然而，智者运动带来的最大影响，主要是一种价值相对主义，比如普罗塔哥拉（Protago-ras），他认为，"人是万物的尺度，是事物是其所是的尺度，也是事物非其所非的尺度"①，由此削减了事物客观性的价值，更削减了对所

---

① 转引自 Roochnik 的讲座：http://v.youku.com/v_ show/id_ XMjE2NjA5Nzc2. html. "A human being is the measure of all things, of things that are that they are, and of things that are not that they are not." 人们一般将这句话翻译成：人是万物的尺度，是存在的事物存在的尺度，也是不存在的事物不存在的尺度。

有客观现象背后的秩序和智慧的信心。智者的相对主义使过去城邦由于信仰秩序之源形成的价值体系崩溃，从而带来了城邦前所未有的价值危机和混乱。柏拉图和亚里士多德把智者看作歪曲真理、玩弄似是而非的智慧的人。不过，在阿里斯托芬的著作中，苏格拉底也成为被讽刺的智者之一，其原因部分是苏格拉底有学生成为当时的三十僭主之一和城邦叛徒。僭主，指的是僭越其权力限制而取得政权的人。古希腊传统的贵族政制中，个人根据其起源的合法性和德行水平，依照神权和律法而承担不同的城邦空间责任，并受到相应的限制，人的权利不能僭越神权和律法。而僭主僭越了神权和律法，扩大自己的权利而被称为独裁者。僭主不敬畏神灵所赋予城邦的自然和律法，破坏了城邦从起源之初形成的公共空间，直接将城邦秩序导向混乱甚至毁灭，这在希腊人看来是极为可怕的。僭主的本质是个人智慧的僭妄，是智者运动的结果之一，也是当时时代精神的体现。

在阿里斯托芬看来，古希腊城邦公共空间的毁坏，苏格拉底也难辞其咎。

（二）苏格拉底之死与城邦教化空间的危机

苏格拉底被依据城邦法律合法地判处了死刑，他的罪名是引入新神（不敬传统的神）和用思想毒害年轻人。苏格拉底强调人的无知，他充满质疑，想要探讨一切价值背后的合理性和合秩序性，因此，对于城邦的现有价值造成冲击，而雅典人则将城邦堕落（僭主）带来的人为灾难怪罪在冲击了现有价值体系的苏格拉底身上。然而，苏格拉底本人敬虔、真诚、勇敢、保护自己的同伴和城邦，有良好的生活方式和习惯，不追求利益，只追求真知，他是一个无罪的人，更确切地说，他就是一个具有德行的人。然而，城邦判处了这样的人死刑。苏格拉底有逃脱的机会，但是，他拒绝了这样的机会，他依照法律选择了死亡。如果苏格拉底是无罪的，那么城邦就必然是有罪的，然而，苏格拉底遵从了城邦的法律，这又相当于宣布城邦法律的正义性。这里就出现了一个悖论。

解决这个悖论的关键在于，城邦的合法性并不是自足的，城邦本身并不能提供德行和正义的完全统一。城邦需要一个终极性的合法性根基。城邦本来是人们在发展中所形成的一种共同生活的良好样式，而在雅典新的教化空间中，城邦本身却成为一种空间的起源性力量。然而，城邦本身的合理性是需要论证的，将这一问题明确显现出来的就是苏格拉底的死亡。

苏格拉底恰恰是通过质疑当时的城邦之"神"（雅典娜等）而去追寻起源意义上的"神"，才接受城邦的判处，他因此代表一种更高意义的神法。苏格拉底给雅典带来了一种充满宽容的警告，他实际上在提醒人们，城邦本身必须具有两个基本要求：一是要求城邦具备基于契约和律法的严厉性；二是要求城邦具备纠正当下问题的纠错机制。人是易于犯错的，由人所组成的城邦也是易于犯错的，应当允许错误存在，但也应当纠正错误继续。对于城邦的教化体系而言，也应当具有两种方式：一是基于城邦利益共同体的行为规范所带来的规训；二是应具备能敞开城邦现有教化空间的终极价值的维度。如果不具备终极价值维度而仅强调基于共同利益的团体的规训，那么城邦就会变成柏拉图所指出的"猪的城邦"，居民安逸舒适但并不追求德行与价值，整个城邦在生命本能欲望的满足之中得以维系秩序，亦即在生命的沉醉中（酒神状态之中）而稳定。如此一来，古代德行传统中的节制、敬虔、朴实、责任和担当苦难等美好的品性就会消失：原有教化体系中体育作为通过自然身体经受苦难而训练和展示德行的这一意义就会消失，而转化为具有身体之特长的人的谋生方式；原有教化体系中的修辞（言说）本是为了寻求神圣之起源的道路，就会转化成为强权者的辩护；而音乐在原有教化体系中本是体验超越性的形式和观念的存在，也会转变为放纵欲望的靡靡之音。整个城邦的教化体系就会呈现出分裂的局面。

这大概就是阿里斯托芬强调城邦必须要有宙斯的原因。

第二节　哲学家对城邦体育和教化的反思

应该说，最早对城邦进行反思的不是哲学家而是诗人，但是，哲学家是最早试图通过理性言说来反思的人。哲学家以严谨的方式论证事物和价值的合理性与不合理性，因此，对人们的意义世界带来的影响也更大。

面对当时城邦体育和教化堕落的局面，苏格拉底试图通过反思传统而重新寻找人类精神世界和教化体系的基点，这样，无疑给城邦的固有价值体系带来了极大的冲击。他的弟子（以及弟子的弟子们）也承担起了这一使命，并逐渐走向了从反思到重建的历程。本节主要分析苏格拉底本人和他的弟子色诺芬是如何反思的。

一　苏格拉底对人们忽视体育锻炼的批评

苏格拉底是古希腊最著名的哲学家之一，据说被神庙祭司称作最有智慧的人（参见左图：苏格拉底头像）。他在世的时间是公元前 469 年至公元前 399 年，略晚于早期的智者学派，在阿里斯托芬的喜剧中，苏格拉底被描写成一个智者，一个善于诡辩、抛弃传统，并败坏年轻的人。不过，在柏拉图的对话中，苏格拉底和阿里斯托芬的关系并不糟糕，两人还一起饮酒谈天；但在色诺芬的回忆录中，苏格拉底也并不是一个智者，反而是一个提醒年轻人注重传统德行的良师。苏格拉底本人注重体育锻炼，并且身体很好，这在色诺芬和柏拉图所撰的回忆录及对话录中都表明了这一点，并且在拉尔修的《名哲言行录》中得到了证实；① 同时，他也的确善于辞令，能够轻易诱导人们将自己期望的谈话方向转向到对当前各种普遍性概念的探讨（如探讨什么是勇敢、美等），尽管大多数时候并没有得出确定性的结论。他被自己的城邦以引进新神和败坏年轻人的罪名处死，处死后城邦又后悔判处他死亡。他在诗人中被批判，却在哲学中被颂扬。

苏格拉底本人并没有任何著述，他对书面文字很警惕，他把书写

---

① ［古希腊］第欧根尼·拉尔修：《名哲言行录》，马永翔等译，吉林人民出版社 2003年版，第 99 页。

看作一门技术，认为人们依赖书写，会变得依赖外界甚于依赖自我（的自然）。① 因此，他对于体育和教育的观点，只有在他的学生对于他的描述中可见，而较为可信的资料，最主要的是柏拉图早期的对话录和色诺芬的回忆录。② 色诺芬的回忆录中对苏格拉底的体育观叙述得很具体，这或许与色诺芬本人对体育的重视和理解有很大的关系。在《回忆苏格拉底》第三卷第十二章、第十三章，苏格拉底与其他人主要谈论的就是体育的问题，在第一卷第四章、第六章，他与其他人探讨了身体问题，在第二卷第一章，他与人回溯了赫拉克勒斯的故事并直接探讨关于德行的问题。

苏格拉底针对城邦体育和教化的局面，主要强调了以下问题：

第一，提醒年轻人忽视身体锻炼会产生人生困难。

苏格拉底碰到一个年轻而身体不好的人艾皮根奈斯，他担忧地说："艾皮根奈斯，你的身体是多么缺乏锻炼啊！"而这位年轻人回答说："我本来就不是一个运动员啊！"③ 在这场对话之中，苏格拉底不但面对的是一个需要教导的年轻人，他还面对着阿里斯托芬所批判的一个传统堕落和教育价值分裂的难题，一种将教育目的导向职业而不是导向德行和好的生活的观念。对此，苏格拉底帮助这位年轻人分析了个体和城邦所面对困难时身体好坏可能出现的差异，提醒年轻人对生活中可能出现的困难不要轻忽。身体健全的人在各种环境中不仅能够保护自己，而且能够帮助朋友并赢得尊重和荣耀，因而，城邦没有提供正式规定的训练，年轻人就更应该重视体育锻炼。接下来，苏格拉底说："无论是任何其他竞赛或任何事业，把身体锻炼好总不会吃亏的；因为人们所做的一切事情都是需要用身体的，既然一切事情都需要用身体，那么，尽可能使身体保持最良好的状态，就是非常必要

---

① David Roochnik：《古希腊哲学讲座》，http：//v. youku. com/v_ show/id_ XMjE2Nj A5OTg4. html。

② 色诺芬的回忆录叫作 *Memorabilia*，商务印书馆有一个翻译本，译为《回忆苏格拉底》。

③ ［古希腊］色诺芬：《回忆苏格拉底》，吴永泉译，商务印书馆 1984 年版，第 130 页。

的了。"① 苏格拉底接着进一步分析体育不仅对于身体有重要意义，而且对于人的心灵也有影响，"由于身体不好，健忘、忧郁、易怒和疯狂就会经常猛烈袭击许多人的神智，以致他们把已获得的知识全部丧失净尽"②。与普罗塔哥拉类似，苏格拉底同样采用说服的方法，从人的价值尺度，来劝告人们进行某项活动的必要性。

第二，强调不锻炼是对自身生命能力的疏忽，是可耻的。

苏格拉底并不是相对主义者，因为他敬畏地看到，人类本身的自然也是有先在的秩序的。他认为，一切有感觉和生命的活物，尤其是人，在天然的构造、自然的愿望等方面，似乎都蕴含着极高的智慧，他将之称为"聪明仁爱的创造者"的创造。这位创造者构建人合乎各种需要的身体，并且将能够"理解到万物井然有序的神明存在"③ 的灵魂给予人，使人能够增进健康，学习知识，追求智慧，在世界中"无比的高贵、生活得像神明一样"④。苏格拉底强调"神明"和"灵魂"来说明人的身体和心灵在自然本性方面的合目的性及秩序性。对于苏格拉底而言，体育锻炼、学习知识等各种做法，并不仅仅只是根据当时人们的现实需要所决定的相对价值，而是符合人类追求智慧的自然本性的内在需要，是造物者赋予人的天然恩赐，这些事情"不仅在享用他们的时候使我心中感到愉快，还能使我希望它会永远给我好处"⑤，应当善为珍视才对。故而，常常进行体育锻炼的人，才会"更容易经受住一切考验"⑥，反过来，"使本来可以通过锻炼而变得极其美好和矫健的身体竟因自己的疏忽而致孱弱衰老；这也是非常可耻的"⑦。正是在这个意义上，苏格拉底重新分析了赫拉克勒斯的选

① ［古希腊］色诺芬：《回忆苏格拉底》，吴永泉译，商务印书馆1984年版，第131页。
② 同上书，第132页。
③ 同上书，第30页。
④ 同上。
⑤ 这里是苏格拉底对安提丰强调在做这些有意义的事情时自己的感受。同上书，第36页。
⑥ 同上。
⑦ 同上书，第132页。

择，重新显明了，德行这一古希腊精神传统的价值乃是通过"辛苦努力"来获得"神明所赐给人的一切美好的事物"①，通过苦难来重塑人的秩序，通过痛苦和节制来重获人的自由。

第三，认为不注重锻炼是缺乏德行的表现。

苏格拉底曾经批判过一个城邦公民。苏格拉底和一位公民同行，他发现，这位公民让奴隶背负重物，自己轻松行路，但是，他的精力反而不如奴隶旺盛。苏格拉底认为，这不是一个自由人的品性。苏格拉底显然认为，人不应该为外在强加的负担所屈服，或许在他心目中，一位自由人即便身负重物，仍然应该举重若轻，精神饱满，否则就很容易受到外物的限制与奴役。但这位"自由人"习惯于利用外物，而轻忽了训练自己和发展自己的可能性，他表现得尚且不如一位不具有良好血统以及未受到良好教育的奴隶，因此，这个"自由人"其实不具有自由的品性。

因此，我们可以看到，在色诺芬的回忆中，苏格拉底虽然看上去像一位智者，其实却是难得的维护传统信仰并且提倡传统的德行的人。苏格拉底以他特有的方式来回应阿里斯托芬所批判的城邦理想堕落、价值分裂和教育退化这一严峻的问题，并试图重新追寻人在自然完整的秩序意义下的应然生活。

关于德行（arête）的探讨在古希腊有一个变化的过程，在传统的希腊语境中，arête 意味着事物本身的实质的实现，这就是在《荷马史诗》中，为什么一匹马也有它的 arête。然而，后来，在哲学家的语境中，对待自然的认识出现了分歧，比如，泰勒斯、德谟克利特等看待自然的方式是以物质（matter）作为基点的，以水、原子等作为自然的基本，这种理解虽然意味着对于世界本质的把握的努力，却消解了世界本身作为秩序性存在本身所蕴含的丰富内涵，意味着对世界的万事万物相互依赖、相互协调的背后的至高智慧的否认，同时也意味着人在缺少这种至高智慧观照的前提下的价值的相对主义。苏格拉底

---

① 这里是苏格拉底对安提丰强调在做这些有意义的事情时自己的感受。［古希腊］色诺芬：《回忆苏格拉底》，吴永泉译，商务印书馆1984年版，第49页。

不是相对主义者，他试图回应这一问题。他重新诠释了什么是德行。他给他的门徒讲了赫拉克勒斯的故事，指出德行作为一种好的合秩序的方式乃存在于人的刻苦努力之中（他的这一观点在柏拉图那里得到了发扬）。然而，苏格拉底指出了人寻求秩序生活的必要性与德行的意义，却没有论证人的德行在何种意义上体现着自然（包括宇宙、世界和人）本身的善好性。[①] 他给他的学生留下终生探究的问题空间。

二 色诺芬故事中的体育、德行与政制

色诺芬是苏格拉底的学生，他在世的时间为公元前 428 年至公元前 354 年，大致与柏拉图处于同一个时期，比阿里斯托芬稍晚一些（参见右图：色诺芬头像）。在他的回忆录中，他极力为自己的老师苏格拉底辩护，可见，苏格拉底的思想和遭遇极大地影响了他的观念及思考。色诺芬在他的著作中对于各种观点的表述十分含蓄[②]，后人对此也有争议，比如，他在《居鲁士的教育》一书中，对波斯的帝王居鲁士似乎表达了一种赞赏和肯定的态度，而这种帝王式的统治[③]，和僭主的统治一样，都是在古希腊的传统观念中不受欢迎的。因此，色诺芬的用意的确很令人费解。或许，他是想探讨苏格拉底式的哲学教育是否的确会对政治发展起到至关重要的作用；或者，他只是想客观地分析世界中的现象，并回答他自己在《居鲁士的教育》开头提出关于政权稳定性的问题："为什么民主政制时常会因为人们对政治制度改变的渴望在一夜之间被推翻？君主政制和寡头政制为什么遇到民众运动就会一下子垮

---

① 柏拉图试图进一步阐述这一问题，他从形而上学的角度论述了世界和自然的 arête 本质，然而，他的理式（form）、至高形式或者秩序，如何体现在具体经验的事物之上，却没有一个合宜的回答。到了亚里士多德那里，这一问题得到进一步阐述。

② 他的这种含蓄隐晦的表达方式被称为"隐微术"，施特劳斯对此做过分析。参见刘小枫、陈少明《色诺芬的品味——经典与解释》第 13 辑，华夏出版社 2006 年版。

③ 也有人认为，这是一种君主式的统治。参见［古希腊］色诺芬《居鲁士的教育》，华夏出版社 2007 年版，甘阳所作的中文版序言《从色诺芬到马基雅维利》。

台?"① 无论他的用意如何，梳理他书中关于体育的基本线索都是了解其体育思想的必要过程。

色诺芬对体育极为重视，据说他为贵族教育写了三种教科书，分别为《马术》《骑术》和《骑兵军官》。② 同样，他也察觉了古希腊当时的德行堕落与体育异化现象。

色诺芬在他的书《雅典政制》中说，在（雅典）民主政制中的民众，"压制那些锻炼体格、追求艺术的人，以为那样不好，因为他们认识到自己没有能力做那些事。……民众以为在唱歌、跑步、跳舞、驾驶船只的同时又能得到钱财是值得的事情，这样他们既使自己变得富有，又使富人穷一些。同样在法庭上，他们关心的不是公正，而是自己的利益"。③ 从这段描述中，我们看到，色诺芬至少发现了当时雅典人对于音乐和体育的爱好已经与传统对人之自然进行艰苦训练的德行无关，而是与利益挂钩了。而对这一现象的敏感觉察，也与阿里斯托芬和苏格拉底对于城邦道德堕落和教育分裂的批评颇为接近。在其《居鲁士的教育》一书中，他所描绘的波斯王居鲁士，则具备训练自身、克制欲望而形成的德行，从而成为一个让人自觉服从的君王。他描述道，居鲁士是古希腊神话英雄伯修斯（波修斯）王的后裔，从小接受的教育都依据波斯的习俗和律法④，他从小学会纪律、公正、狩猎、法律，并且和其他年轻人一样，会"长时间训练自己的技艺，花时间射箭、投枪，演练他们童年时学过的各种技能；此外，他们还要参加在公开场合进行的竞技，获胜者也会得到奖金；众多竞技者会在竞技中展示其独特的技艺和勇气，而民众则会报以赞赏"。⑤ 色诺芬的这些描述与古希腊传统的公共生活方式是非常相似的，而强调居鲁士是伯修斯的后裔，似乎暗示着居鲁士所受教育有着古希腊的

---

① ［古希腊］色诺芬：《居鲁士的教育》，华夏出版社 2007 年版，第 1 页。

② ［法］瓦诺耶克：《奥林匹亚运动会的起源及古希腊罗马的体育运动》，百花文艺出版社 2006 年版，第 27 页。

③ ［古希腊］色诺芬：《雅典政制》，引用材料来源于一篇署名蔡连增的网络译文。参见 http: //cailianzeng. fyfz. cn/art/109928. htm。

④ ［古希腊］色诺芬：《居鲁士的教育》，华夏出版社 2007 年版，第 6、8 页。

⑤ 同上书，第 16 页。

根源，与古希腊的德行传统一脉相承。至于居鲁士本人，在孩童时期，不仅在竞技之中很突出，而且"他不会以超出其他孩子的技艺来和那些孩子们竞争"①，他还独自在狩猎中猎杀凶猛的野猪：这一系列描述表明，他从小就具备了英雄般的节制和追求卓越的品性，而这种品性无疑与他后来的成就有着重要的联系。后来，居鲁士建立了波斯帝国，并带来了他治理下的帝国的和平与秩序。很显然，通过居鲁士的人生，色诺芬将指向传统贵族德行的教育方式与其后稳定的政治以及个人所获得的荣耀这三者之间关联起来，从而重新回到了古希腊传统的教育，以及体育、音乐等对于驯服欲望、培养德行的价值。

当色诺芬将居鲁士教育（体育、音乐和法律公正）的结局指向稳定性政治的稳定秩序时，他也在无形之中引导人们形成了一种对于教育目标的想象，亦即对人与人之间的关系以及政治稳定的寻求，或者说，对人为秩序的寻求。在此，色诺芬究竟是特意追求世俗政治秩序的稳定性，还是借助褒扬希腊头号敌人的政治稳定而对自己的民族进行微妙的反讽？也许，色诺芬有他隐微的问题指向，我们在此不做深究了。不过，也正因如此，他没有直接在作品中去追溯那敞开古希腊体育公共空间的秩序源头，也由此为我们留下进一步思考的空间。

第三节　古希腊体育在逻各斯中的重建

古希腊的传统理想中存在宇宙绝对秩序的预设前提，因此，古希腊人认为，人自然生命的发展与人获得幸福之间存在潜在的一致性。因而，德行的问题并不只是道德和价值取向问题，更是人们遵循自身的自然、发展自然的潜力而去追寻一种好的生活的问题。换句话说，德行并不仅仅关涉社会规训，更关涉个体福祉。

苏格拉底在对体育和教化问题进行批评的时候，其实已经阐述了体育、教化、个体福祉与生命的自然奥秘之间的联系。在苏格拉底之

① ［古希腊］色诺芬：《居鲁士的教育》，华夏出版社2007年版，第33页。

后，古希腊另外两位最伟大的哲学家，继续沿着苏格拉底追寻秩序和
传统德行这一思考方向，探讨人之自然存在的秩序性奥秘以及传统德
行教化体系中体育和音乐的地位。他们追求的不仅仅是传统价值体系
的重构，更是在传统价值背后的客观性依据。

一　柏拉图的体育和教化思想

　　柏拉图是苏格拉底最为杰出的学生之一，
他的哲学思想对后世影响非常大，以至于有人
认为，西方后来若干世纪的哲学思考，都是对
他的观点的注脚（参见左图：柏拉图头像）。
作为苏格拉底的学生，毫无疑问，柏拉图继承
了苏格拉底的思考，并将苏格拉底的观点推向
了西方世界思想和精神领域的一个至高峰。哲
学界普遍认为，柏拉图早期的对话录主要记叙
苏格拉底的言辞行为，而中期和晚期的对话录则体现了他自己的思
考。不过，我们还可以发现，柏拉图本人的思想起点仍然是以他老师
的思想为基础的，他以"绝对理式"（或"相"）来描述苏格拉底所
认识的那位造物主，并通过"模仿"和"回忆"两条途径来实现从
生灭变化的生命本身朝向这种最高秩序的赋形过程。在这一过程中，
他阐述了教育的两种路径，并重构了身体和体育在其中的位序。

　　人们一般认为，作为"身心二元"的始作俑者，柏拉图是藐视身
体、藐视体育的开端，因此，后现代主义者要重新标榜身体的意义，
则需要首先批判这一权威。实际上，我们通过对柏拉图思想的分析可
以发现，柏拉图的观念中蕴含着丰富而美妙的身体观和体育观，是与
古希腊的体育传统一脉相承的，只不过在强调身体和体育的基础之
上，柏拉图看到还有一种高于身体和体育的更美妙的事物，有一种苏
格拉底所说的至高的"智慧"和"理性"蕴藏在生灭变化的事物之
中。因此，柏拉图认为，我们应该追寻这种最高的理性，在此基础之
上再来发现和发展我们的自然。在柏拉图中晚期的关于教育和政治哲
学的经典著作《理想国》中，柏拉图表达了十分丰富而且看起来似乎
有些矛盾的体育思想。

（一）发展身、心并指向永恒：体育的三层意义

起先，在谈论城邦护卫者的时候，柏拉图明确提到体育对于身体发展和健康生活的意义，并且似乎将体育放在与音乐文艺相对应的维度，分别指向身体的发展和心灵的发展。他说，要"用体操来训练身体，用音乐来陶冶灵魂"①，因为"朴质的音乐文艺教育则能产生心灵方面的节制，朴质的体育锻炼产生身体的健康"。② 不过紧接着，他马上又说，"教音乐和体育主要是为了心灵"③，而将体育和音乐从身体和心灵分别对应的二元维度拉回到对心灵的共同作用的一元视角来。他认为，"一生专搞体育运动而忽略音乐文艺教育，对于心灵的影响……是野蛮与残暴"，"专搞音乐文艺而忽略体育运动的影响……是软弱与柔顺"④，"那些专搞体育锻炼的人往往变得过度粗暴，那些专搞音乐文艺的人又不免变得过度软弱"。⑤

在此基础之上，柏拉图也像苏格拉底一样，对于忽视体育锻炼进行了严厉的批评，并因此产生对于当时的医生和医术的抵制倾向。在柏拉图看来，良好的音乐配合良好的体育锻炼，就是最好的医术，它能够促进人的健康发展，"受过音乐教育的青年，运用体育锻炼，通过同样苦练的过程，他会变得根本不需要什么医术，除非万不得已"。⑥ 反过来，"在体育锻炼之外再过分担心身体，对这方面是一个最大的妨碍"，"对于学习、沉思这类的道德实践和锻炼简直是一种绊脚石"。⑦ "人们没有工夫来生病，不可能一生没完没了地治病"⑧，而通过医术在"痛苦的挣扎中夺得了年老而死的锦标"，"一天到晚发愁有没有疏忽了规定的养生习惯"⑨，是让人不齿的。这样来看，柏拉

---

① ［古希腊］柏拉图：《理想国》，郭斌和、张竹明译，商务印书馆1986年版，第70页。

② 同上书，第113页。

③ 同上书，第121页。

④ 同上。

⑤ 同上。

⑥ 同上书，第120页。

⑦ 同上书，第116页。

⑧ 同上书，第115页。

⑨ 同上。

图的健康观与古希腊神话传统意义上的医学观一脉相承，强调通过体育与音乐而达到自然生命能力的发展。柏拉图认为，健康方面的问题不仅是身体问题，也是心灵问题，"放纵和疾病在城邦里泛滥横溢……讼师医生趾高气扬，虽多数自由人也将不得不对他们鞠躬敬礼了"，这就是"教育又丑又恶"。① 不健康带来精神的不自由，由此而言，柏拉图强调体育的确是将其指向人的心灵发展这一层面。

当我们回想起苏格拉底对于体育的观点，我们可以发现，两者惊人的相似，关于体育对身体健康和心灵发展的意义，以及忽略体育锻炼的丑恶，这些论点似乎都是在重申苏格拉底的思想。

随着论述的深入，柏拉图开始谈到人类的灵魂和德行的特点。他认为，"音乐和体育（我要说这是某一位神赐给我们人类的）——服务于人的两个部分——爱智部分和激情部分。这不是为了心灵和身体（虽然顺便也为了心灵和身体），而是为了爱智和激情这两部分张弛得宜，配合适当，达到和谐"。② 也就是说，体育和音乐不仅对人的身心发展分别产生影响，而且尤其对心灵（灵魂中）的两个部分分别产生作用，由此来看，体育和音乐似乎就是神所恩赐的服务于灵魂发展的特殊礼物。在这一观点中，柏拉图似乎是在对体育为什么对心灵产生影响进行了进一步解释和论述。

接下来，当柏拉图的对话录进入到对于哲学王教育的思考时，他指出体育对于培养哲学王的意义，并将体育放在与哲学相对应的层面，认为体育指向的是"生灭事物；因为它影响身体的增强与衰弱"③，而哲学指向的是永恒不变的事物，从而最终将教育导向哲学，将人的发展从变化的世界导向绝对的理式。

在此，我们意识到，柏拉图的论述背后，其实，正是在用自己的理论体系重新严肃地思考苏格拉底关于体育的观点。他试图将体育的价值放在身体发展、心灵发展和理性发展三个层面上去考量，并试图

① ［古希腊］柏拉图：《理想国》，郭斌和、张竹明译，商务印书馆1986年版，第113页。
② 同上书，第123页。
③ 同上书，第282页。

通过富有张力的对话，逐渐推进人们对体育的理解，将体育从对人的生存保健的意义，导向对人的心灵发展的意义，并最终导向对人追寻终极价值的意义上面去。

（二）体育作为一种身心合目的性发展的方式

体育对于人的身体和心灵的影响发展并非盲目的论断，而是基于人的身体自然和心灵自然而做出的严谨分析。在柏拉图的著作中，这样分析是比较丰富的。①

在柏拉图看来，人类心灵具有三个部分：一部分是欲望，一部分是激情，一部分是理智。有学者认为，柏拉图的这三种划分并没有更深入的心理学描述，因此很容易使人产生误解。② 不过，也许柏拉图只是想客观地概括心灵的三种基本需要。柏拉图认为，人的心灵若需要健康发展，则需要用理智和激情的协调来领导人的欲望，从而实现心灵的健康，即美德。他说，"健康的造成在于身体内建立起这样的一些成分：它们合自然的有的统治着有的被统治着，而疾病的造成则在于建立起这样一些成分：它们反自然的有的统治着有的被统治着"。③ "美德似乎是一种心灵的健康，美和坚强有力，而邪恶则似乎是心灵的一种疾病，丑和软弱无力"。④

柏拉图认为，在灵魂内部，应该使理智部分和激情部分能够充分发展并协调和谐，因为"天性中的激情部分的确会产生野蛮；如果加以适当训练就可能成为勇敢，如果搞得过了头，就会变成严酷粗

---

① 对柏拉图著作中"体育"一词的翻译是不尽相同的，根据郭斌和、张竹明所译为"体操"。在美国波士顿大学的 Roochnik 教授那里，该词的英译为 Gymnanism，含有对身体的各种训练的意思，其内涵其实也就是我们在本书中所谈到的体育。参见 Roochnik 讲座视频：http：//v. youku. com/v_ show/id_ XMjE0NzA0ODM2. html。

② 在其中一种英语翻译中，理智被译为 reason，激情被译为 high spirit，而欲望被译为 desire，大致属于一种心理学式的译法。Nicholas D. Smith, "Plato's Analogy of Soul and State", *The Journal of Ethics*, 3, 1999, pp. 31 – 49.

③ ［古希腊］柏拉图：《理想国》，郭斌和、张竹明译，商务印书馆 1986 年版，第 174 页。

④ 同上。

暴"①，温文是"人性中爱智部分的一种性质，这种性质过度发展便会变成过度软弱，如培养适当就能变得温文而秩序井然"……"护卫者需要两种品质兼而有之"，"彼此和谐"。②"有这种品质和谐存在的人，他的心既温文而又勇敢"，"没有这种和谐存在的人便既怯懦而又粗野"。③ 要训练心灵的这两个部分，体育和音乐文艺将是基本的两种方式，这两种方式分别指向心灵的激情和理智部分，柏拉图说，"音乐和体育协同作用将使理智和激情得到协调……它们用优雅的言辞和良好的教训培养来加强理智，又用和谐和韵律使激情变得温和平稳"④，"音乐和体育是相对的，它通过习惯以教育护卫者，以音调培养某种精神和谐（不是知识），以韵律去培养优雅得体，还以故事（或纯系传说的或较为真实的）语言培养与此相近的品质"。⑤

正如柏拉图所指出来的，体育本来是指向身体的一种训练形式，然而，它却能够对心灵中的激情部分产生影响，但究竟是如何影响的呢？柏拉图并没有指出来。不过，如果通过身体的训练能够直接影响心灵的激情部分，那么身体和心灵的关系就不是相互分离的关系，不是简单的二元对立的关系，而是彼此契合甚至重复的关系。柏拉图认为，音乐作用于人的理智部分，使人具有一种理性的品质，并从而制约激情部分粗野之气，协调体育锻炼过度带来的问题，这就意味着身体和心灵中的其他部分可以同时受到心灵中理智部分的制约和引导，这或许意味着，通常人们所说的心灵优于身体，更多的是指心灵中理智部分的优越性。而柏拉图同时又指出，如果没被教育败坏的话，理智与激情乃是天然的同盟者⑥，既然如此，那么心灵中理智部分对激情（和体育）的优越性，实际上则属于一种基于合作的优越性，两者自然且奇妙地契合着，将人最终导向一种对和谐和秩序的认识。

---

① ［古希腊］柏拉图：《理想国》，郭斌和、张竹明译，商务印书馆1986年版，第121页。

② 同上。

③ 同上书，第122页。

④ 同上书，第169页。

⑤ 同上。

⑥ 同上书，第167页。

人的自然身体和心灵的构造是奇妙的，而能够对身体和心灵进行恰到好处的训练的体育和音乐同样也是奇妙的。瓦诺耶克引用的柏拉图《理想国》相关部分的时候，将这两种训练的方式直接翻译为是自然（本来）就有的恩赐，是神所赐的①，这意味着人的自然之美好不仅存在于灵魂和身体之中，还存在于追求两者秩序的天然潜力之中。柏拉图在《高尔吉亚篇》中说，"交流、友谊、秩序、节制使苍穹和大地、神灵和人结合在一起，由于这个原因事物的总和被称为有序的宇宙，而不是无序的宇宙或混乱"。② 而在《蒂迈欧篇》中，他也指出，人的所有的身心构造都是为了指向这种秩序的努力。正是从这个意义上说，身体的和谐与心灵的和谐乃是依据自然，并回归秩序。从这个角度来看，柏拉图思想中的体育和音乐，正是一种旨在追求生命秩序的合目的性的努力。

（三）心灵的优越性与绝对"理式"

在对哲学王教育的分析过程中，柏拉图认为，哲学王的意义在于认识绝对的"善"的理式（相），内在获得这种秩序，并能够将其模仿到城邦生活之中。而哲学王的成长则有赖于个体本身的优秀和良好教育的引导。在柏拉图看来，只有天性具有和谐的心灵秩序，在成长时受到良好的城邦训练发展，心灵和谐，终身追求智慧，追寻最高的理念，并抵制各种诱惑，才能成为真正的哲学王以及良好城邦的治理者。在整个教育过程中，柏拉图非常强调心灵的秩序与和谐，他认为，哲学王由于看到了绝对的理式（最高的相、至善），认清了一切秩序的源头，因此，他的心灵可以模仿这一绝对的善，并用这种善的秩序来影响人的心灵，治理城邦的公共生活。对柏拉图来说，正是因为存在善的理式，才能模仿它的心灵的爱智部分具有更高的优越性。绝对的理式不存在可变化的世界之中，只存在于永恒之中，它是一切的源泉，为万事万物赋予秩序和意义，它是所有生灭事物背后的最真

---

① 转引自［法］瓦诺耶克《奥林匹亚运动会的起源及古希腊罗马的体育运动》，百花文艺出版社 2006 年版，第 33 页。

② Plato, *Gorgias*, trans. W. D. Wocdhead, *Bolligen Series* LXXI, Princeton University Press, 1961, 508a.

实的型相。身体乃是人类在这个世界的中介，是被这一终极秩序赋形的生命形态，是生灭变化的，而体育相应地指向的是"生灭事物；因为它影响身体的增强与衰弱"。① 因此，柏拉图才说，"保证身体需要的那一部分事物不如保证心灵需要的那一部分事物真实和实在"②，"身体本身……同样不如心灵本身真实和实在"③，"虽然人的身体在得到了力和美（和健康结合在一起的）时，也能达到一种可贵的状态，但心灵的这种状态是比身体的这种状态可贵得多的，就像心灵比身体可贵得多一样"。④

　　柏拉图这样说的时候，他对心灵的描述不知不觉地发生了微妙的改变。开始，柏拉图在谈论心灵的三个部分的时候，心灵与身体是相互交叉的，心灵的爱智部分相较其他心灵部分和身体而言具有更高的优越性，但这种优越性仅是相对而言的。而在谈论到绝对型相的问题的时候，他所论述的心灵形式指向了最高的真实，并且相较身体成为更高的真实。正是因为这种微妙的转变，柏拉图在《理想国》的结尾谈论到灵魂不死的问题，并且在《蒂迈欧》中谈论到充满宇宙的灵魂的运动。实际上，柏拉图这种论述上的微妙转变，说明他试图将体育的意义放在他对于最高理式的视野中去考虑，他哲学论述的终极目的，就是要去追寻这一最高的秩序的问题。然而，他并没有直接否定生灭变化的世界，否定生命形态，否定身体，否定体育，而是希望在对于生灭世界的把握之中认识和模仿最高的秩序，通过对生灭世界的认识而上升到绝对的型相。因此，对柏拉图来说，一个人身体好是应当注重的，体育也是应当受到重视的，然而，文艺和哲学则更不能忽视，不然，"他心灵深处可能存在的爱智之火光……暗淡微弱……由于心灵没有得到启发和培育，感觉接受能力没有得到磨炼，他会变得耳不聪目不明……像一只野兽般地用暴力和蛮干达到自己的一切目

---

① ［古希腊］柏拉图：《理想国》，郭斌和、张竹明译，商务印书馆 1986 年版，第 282 页。

② 同上书，第 375 页。

③ 同上书，第 376 页。

④ 同上。

的。在粗野无知中过一种不和谐的无礼貌的生活"。① 正是在这个意义上说,柏拉图表达出一种强调文艺和哲学对于心灵的发展甚于强调体育对于心灵发展的语气,并且认为,在培养哲学王的过程中,哲学训练应该放在阶段性训练的最高阶段,"当他们年少时,他们的学习和哲学功课应该适合儿童的接受能力,当他们正在长大成人时,他们主要应该好好注意身体,为哲学研究准备好体力条件:随着年龄的增长,当他们的灵魂开始达到成熟阶段时,他们应当加强心灵的锻炼,当他们的体力转衰,过了政治军事服务年龄时,应当让他们……只从事哲学研究……"②

在对待柏拉图对绝对理念的追寻中所表达出的对于心灵优越性的确信,以及在培养哲学王时对于音乐文艺尤其是哲学的强调的时候,如果我们不注意柏拉图在论述这一问题之前对于身体、心灵和体育的论述,我们就会很容易得出柏拉图否定身体、进行身心二元对立的观点。事实上,正是柏拉图在试图分析生灭世界和绝对型相之间的关系的时候,对心灵进行的含糊的描述才让人产生这一误解。在《蒂迈欧》中,柏拉图认为,神的灵魂作为一种绝对的型相,分有在天地的各种事物的型相上,并带动了相互之间的运动;而人的灵魂也是从绝对理念领域堕落到肉身之上形成的,只要经过适当的训练,人的灵魂就能回忆起绝对理念。③ 然而,在涉及灵魂如何与肉体结合,万物如何分有绝对理念的型相时,柏拉图又三缄其口,使他的心灵和身体的关系,始终留有谜团。

总的来说,柏拉图自始至终强调体育作为一种教化方式的意义,并且认为,教化应是在体育与音乐文艺和哲学的结合之中,将人从身体的和谐引导到心灵的和谐,从生灭的世界引导到永恒的秩序。正是在这个意义上,柏拉图通过完备的哲学来重新回溯古希腊体育的起

---

① [古希腊]柏拉图:《理想国》,郭斌和、张竹明译,商务印书馆1986年版,第123页。

② 同上书,第250页。

③ 赵敦华:《西方哲学简史》,(台北)五南图书出版股份有限公司2002年版,第83页。

源，在逻各斯中重新建构了新的体育教化空间。

（四）"爱"作为身心提升的力量：关于"爱若斯"

"爱若斯"的问题是一个十分重要的话题，其论述主要见于柏拉图中期的著作中。"爱若斯"是古希腊神话中的爱神，在赫西俄德的《神谱》中是早于女爱神的在创世之初就存在的爱神，意味着爱的动力是宇宙间古老的原动力之一。在柏拉图那里，他对"爱若斯"进行了新的解释，并用这种神秘的力量来解释人类天性追求美好事物和永恒的动力。因此，"爱若斯"的理论可以被看作柏拉图对前面所述对于生灭事物与绝对理念之间关系，以及教化、德行与终极价值之间关系的相关观点的一种补充。

在《费德罗》篇中，关于"爱欲"的探讨主要体现在阿里斯托芬和苏格拉底的发言之中。在阿里斯托芬那里，人有"爱欲"是因为人在世上的自然并不是完整的自然，而是神为了警戒人的骄傲对人进行切割之后留下的"第二自然"，第二自然意味着人的不完整和渴望整全的愿望。弗鲁姆认为，"严肃的爱欲结合是对真正自然的怀念，通往别处寻觅不到的自然，从而给'爱欲'以特权地位"。① 换句话说，弗鲁姆的意思是，阿里斯托芬指出，爱欲本身，正是由于一种体现在人身上的渴望整全的自然性，才是被人严肃对待的原因，他说："能够使人全身心的、严肃的被其他人所吸引，正是'爱欲'如此重要和令人赞美的原因。……这种严肃性来自人和人结合的内在需求，这是生命中最重要的事。"② 阿里斯托芬的发言，实际上也将一种区别于肉欲的更为严肃的爱欲放在人们探讨的模式之下。

然而，在柏拉图的描述中，阿里斯托芬的爱不存在向上和超验，所以，他笔下的苏格拉底接下来描述了一种基于"爱若斯"的"爱欲"。在苏格拉底那里，爱若斯不是神，而是一种精灵，一种神与人的中介，是贫乏和资源之子，意味着永远的不足和永远追求美丽与善

---

① ［古希腊］柏拉图：《柏拉图的会饮（西方思想家经典与解释）》，刘小枫译，华夏出版社 2003 年版，第 178 页。

② 同上书，第 177 页。

好之物。苏格拉底首先也是坚持人之"自然"的不完整性，在苏格拉底看来，人类的本性意味着一种天然的不完整和天然的对完整的渴求的统一，它在来自神圣力量——"爱若斯"的引导下，可以将人带入上升的道路，进入我们渴望的善好之善好，即永恒。苏格拉底将爱欲变成了一种神性的客观存在，它将我们纳入世界的秩序之中，并成为引导我们灵魂"进入"世界，并追求美好和永恒的力量，是使人朝着属神秩序努力的源泉。

在苏格拉底的发言中，第俄提玛提出了三种不同层次的古典善好：外在的善好、身体的善好和灵魂的善好。这三种善好都是由于爱欲的引导而成为人们追求的目标。古希腊人对于由爱欲的引导而追求美好事物的做法颇为自豪，对于这种从不美好走向美好、从不完整走向完整的生活，他们认为是一种十分文明的表现，因为"最完整的人是真正知道自己不完整，并能在这一事实前提下生活的人"。① 正因如此，体育馆的锻炼（体育）作为对身体和心灵的一种教化方式，也才与哲学一道，成为古希腊人区别于野蛮人的地方。②

（五）城邦之于体育与教化的意义

在《理想国》中，柏拉图指出，只有极少数天赋极高、经过刻苦努力和抵制住各种诱惑的哲学王，才能看到一切事物的源头，看到最终的真理，看清一切事物的秩序和本来面目。然而，对于其他的大多数人来说，并不可能具备这样的能力，因此，哲学王必须下到城邦中去，用他所看到的真理的形式来为城邦秩序赋形，并因此开启城邦的公共生活，使其他人在城邦公共生活之中内化出秩序与和谐。因此，《理想国》中提到的教育实际上包含两种：一种是哲学王的教育；另一种是普通护卫者的教育。而这两种教育之间的中介，就是城邦。在一个完美的政体之中，护卫者的教育是最基本的教育，城邦通过提供好的体育教育和好的音乐文艺教育，来引导个体身体和心灵的和谐发

① ［古希腊］柏拉图：《柏拉图的会饮（西方思想家经典与解释）》，刘小枫译，华夏出版社 2003 年版，第 232 页。
② 同上书，第 158—159 页。

展，而在这一教育形式中极为突出并且热爱秩序的人可以学习哲学，成为哲学王，从而确定好的体育和音乐文艺教育，再通过城邦培养护卫者。前者是基础性和大众性的，后者是精英性的；前者是指向公共生活的，后者是指向公共生活的源头的；前者多具有法律或伦理的约束性，后者则完全出于对智慧的自觉热爱以及神祇的恩典。这起中间作用的城邦，正是将大众教育和精英教育、公民教育和哲学教育、法律伦理教化和信仰教化结合的中心。

在柏拉图的观念中，城邦本身不是目的，城邦的目的是追求至善，引导公民过善好的生活。正是因为这样，保证城邦公共空间对于秩序和真理的赋形，确保公共生活的开展能够模仿绝对理念的型相而获得和谐，成为教育的最基本主题。柏拉图的目的，正是试图通过建立一个观念中的理想国家，以此辨明体育、音乐和哲学三种教育的合理方式，使所有的人最终都能在不同的层次上内化最高的秩序而获得和谐。或者我们也可以反过来说，柏拉图正是通过重新寻求最高的秩序（或绝对的理念，或者说"造物主"），来重新确保城邦公共生活的秩序与和谐，以及其对公民德行培养的意义。

二　亚里士多德的体育和教化思想

亚里士多德（公元前 384 年至公元前 322 年）是柏拉图的学生，

他与柏拉图保持了 20 年的师生关系，因此，他对柏拉图有着比其他人更多的了解（参见左图：亚里士多德头像）。他的很多问题似乎都可以看成是对柏拉图所关注问题的另一种解释。亚里士多德的学说，一方面用"形式"和"质料"的概念为柏拉图的绝对理念赋形于现实事物和现象提供了新的解释；另一方面用在此基础上阐述的新的"灵魂"说为身体和灵魂的关系提供了新的说法。

（一）质料和形式的结合：自然的合秩序性存在

对于自然问题的理解，亚里士多德显得比柏拉图更关注人的经验世界，他不像柏拉图那样，认为只有理念的世界才是真实的，他认为，我们现在所看到的现象世界同样也是真实的。因此，对于自然和秩序的解释，亚里士多德采取了相互结合的两条道路，即从自然中发现秩序，并从秩序中观照自然。亚里士多德对所采取的认识途径，不是像柏拉图那样从辩证法开始，而是从经验事物开始，用一种"下学而上达"的进路，从"物理学"到"生理""心理"（灵魂），一直到"天理"，从"知物"到"知人"，及至"知天"。①

亚里士多德强调自然是处处存在的，是事物存在的根据。在《伦理学》中，他强调"出于自然的东西是不可改变的，对于一切都有同等的效力……就是对于我们也有某种以自然为依据的东西"。② 亚里士多德认为，自然不会做无用或无目的的事，而这种合目的性就是自然的属性；反过来说，亚里士多德所指的目的不过是事物实现自己本性的自然倾向③，因此，亚里士多德认为，"自然在一种意义上是有目的之活动，在另一种意义上是有必然性的活动"。④ 也就是说，自然一方面朝向秩序进行目的性的活动，另一方面其活动又具有一种必然性的力量，自然和秩序本身就是一种奇妙的统一。

在亚里士多德的观点中，明显存在将自然和秩序统一的主题，用以弥补在柏拉图的学说中关于绝对理式与自然现象之间的断裂感。亚里士多德采取的解释方法，是在具体的存在事物之上，即他所说的"自然"之上同时赋予"质料"和"形式"这两个概念，质料指的是事物的原始组成，而形式指的是使事物成为事物本身的原始组成赖以依靠的机构或功能。这好比桌子的质料是木，而其形式是桌子的结构，当木头被赋予适当的结构，桌子就成为真实的桌子或者说桌子的真实。质料指向自然事物的现实存在，形式指向自然事物的目的性。当具体的存在物同时存在质料和形式的时候，动力和目的相结合，自

---

① 邬昆如：《形上学》，（台北）五南图书出版股份有限公司2004年版，第92—93页。

② ［古希腊］亚里士多德：《伦理学》，知书房出版集团2003年版，第136页。

③ 赵敦华：《西方哲学简史》，（台北）五南图书出版股份有限公司2002年版，第96页。

④ ［古希腊］亚里士多德：《后分析篇》，转引自赵敦华《西方哲学简史》，（台北）五南图书出版股份有限公司2002年版，第97页。

然之物得以实现。亚里士多德说："自然的最初和首要的意义是，在作为自身的自身之内有着运动本原的实体，质料由于能够接受它而被称为自然，生成和生长由于运动发生于此而被称为自然。"① 自然的存在本身就是一种合秩序性和合目的性的统一。接下来，亚里士多德阐明宇宙之间存在自然等级，他推导，所有的动力最终需要一个最终推动力，所有的目的需要一个终极的目的，而所有形式、现实、动力和目的，在"神"那里结合，从而将现象之中所有的形式导向最高的秩序。因此，在亚里士多德的学说中，虽然看不到古希腊的神话传说，也没有浓厚的宗教气息，但是，我们能够明显地感觉到古希腊传统的那个最高秩序之神的存在。

（二）身体和灵魂的结合：生命的合秩序性存在

对亚里士多德而言，身体和心灵（灵魂）是有机结合的整体，是人的自然，两者是不可分的。在亚里士多德那里，身体与灵魂的关系来源于他对形式和质料的看法，他认为，灵魂是身体的形式，是"潜在的具有生命的自然形体的形式"，"是生命的现实性原则"②，而身体是接受灵魂的质料。灵魂并不是脱离身体的结构和功能而存在的独立体，而是使身体成其为身体的潜在结构和目的，而身体也不是能够脱离灵魂而独立存在的，因为脱离灵魂之后，身体本身也就消失了：灵魂实现在身体中，从而使人成为真实的人。这让人思考《圣经》中对于人的自然的表述，上帝用尘土造人，然后吹入他的"气"，最早的人就诞生了："耶和华神用地上的尘土造人，将生气吹在他鼻孔里，他就成了有灵的活人，名叫亚当。"（《创世纪》）尘土意味着一种存在的原始物质，而"气"则意味着人的生命存在的所有潜在目的；"尘土"和"气"两者构成人之所以为人的基本要素，"气"进入"尘土"，使人成为"活人"，即有身体的人，而活人因为有神的"气"，而被称为"有灵的"，即灵魂的。这种表达颇类似于亚里士

---

① ［古希腊］亚里士多德：《形而上学》第五卷，（台北）昭明出版社 2003 年版，第 125 页。

② 赵敦华：《西方哲学简史》，（台北）五南图书出版股份有限公司 2002 年版，第 113 页。

多德关于人的身体和灵魂之说。① 灵魂显然比身体更真实，但灵魂又只有体现在身体之中才能与世界产生联系；身体本身就是灵魂的实现，蕴含着灵魂的潜在目的性。当亚里士多德认识到这一点的时候，他弥合了他的老师柏拉图关于灵魂与身体断裂的罅隙。

（三）德行源于灵魂的内在秩序

亚里士多德这种关于人的自然的论述，能够成功地解释人何以进入世界，并参与世界，也能够因此对于人的发展本身提供更具有实践智慧的引导。一方面，亚里士多德强调认识灵魂——人的潜在秩序的重要性。当亚里士多德说"德行就在灵魂之中……并且，正是由于灵魂的德行，我们能生活得美好"②，"'生活优裕与行为优良'不是其他什么，恰是幸福"③ 的时候，他其实是想告诉我们，当我们能够按照人类的自然本性，发现人类的灵魂，并追求灵魂的秩序的时候，我们就会很自然地生活得优裕，行为端正优良，我们就会自然成为幸福的人，而这种按照自然本性生活，就是德行。因此，发现我们自身的秩序性就成为教化的根基和德行的起点。在亚里士多德那里，德行和幸福并不是根据人们的习俗而规训的，而是根据人的自然的目的性和秩序性来习得的。另一方面，亚里士多德也强调，只有在世界之中，灵魂的本性才能得到实现，因此，实践在世界中的生命本身同样十分重要，在实践中，即在生命中使这种秩序实现，则成为教化的内容和获得德行的路径。故而，亚里士多德的教化形式并不只是柏拉图所强调的认知性的，而是体知性的；不仅是理论的，更是实践的。这样，亚里士多德便又将我们重新带回到对古希腊的传统德行的追求之中。

---

① 从这个角度来说，我们用"身体"这个词表达人灵魂所必需的质料也确实值得考究。现代的身体现象学在探讨身体的问题时，将身体理解为具有多种潜在意义，具有多种功能的人的基础性存在，这种理解，与亚里士多德这里的这个含义是有区别的。身体现象学所指涉的"身体"更类似于亚里士多德所理解的人的自然性存在的可见部分，是灵魂与身体结合中可被观察和测量的那一部分。

② ［古希腊］亚里士多德：《伦理学》，知书房出版集团 2003 年版，第 279 页。

③ 同上。

（四）体育乃灵魂内在秩序实现的基础

既然个体的德行和幸福是一种对人之自然合秩序性（灵魂）的习得，那么究竟这种习得方式要如何进行呢？

亚里士多德认为，灵魂分为植物灵魂、动物灵魂和人类灵魂三种。植物灵魂的功能是消化繁殖，即生命活动最为基本的特征；动物灵魂的功能是感觉、欲望和位移，又被称为感性灵魂；而人类灵魂除了上述两者，还具有理性思维的功能。① 这三种灵魂具有等级之分，而人要实现人之为人，必须实现前面两种较为普遍性的灵魂功能，再实现人所独有的理性灵魂的功能。②

与柏拉图灵魂观的不同之处在于，亚里士多德的灵魂观能够很好地解释体育的意义和教化价值的问题。体育作为一种身体锻炼的手段和方式，能够直接作用到人的植物性灵魂和人的动物性灵魂。从对前者的作用来说，体育可以刺激机体细胞的循环和再生，提高身体营养和繁殖的能力；从对后者的作用来说，体育能够锻炼人的感官的敏锐性，刺激人的血气，就好像动物本能的活动能带来其身体本能的敏锐性一样。而在前两种功能充分实现之后，会更有效地促进理性灵魂功能的实现。然而，体育锻炼的合宜性的把握又依赖于人的理性灵魂，比如，锻炼过度会损害身体，而锻炼不够也会损害身体，这个时候，人的理性灵魂则应该以适度的原则进行控制。对亚里士多德的三种灵魂的理论进行分析，我们发现，体育对于提高灵魂功效、实现人之为人之合目的性需求起着至关重要的作用。正是因为亚里士多德对灵魂的理解有着基于对人之自然的考量，所以，在他的灵魂和德行的观点之中，体育才得以拥有一个基础性的地位，因为体育所强调作为身体之活动本身，就是人之生命性存在

① 参见赵敦华《西方哲学简史》，（台北）五南图书出版股份有限公司2002年版，第113—114页。

② 亚里士多德的这种观点可以对照人本主义者马斯洛的需要层次理论进行参考。马斯洛理论把需求分成生理需求、安全需求、社交需求、尊重需求和自我实现需求五类，依次由较低层次到较高层次排列。其中，生理需求包括呼吸、水、食物、睡眠、性等，和植物灵魂颇为接近。不过，马斯洛似乎更强调人的社会性需求。

最大的自然。

　　(五) 城邦作为自然之共同体展开公共生活

　　亚里士多德同样强调城邦体育的问题。亚里士多德认为，城邦是自然形成的共同体形式，因为"人是天生的政治动物"，人有参与公共生活的需要，因为城邦的本质"不过是人们为了优良生活而结成的共同体，'政治的'不过是'与他人共同生活的'"。① 不过，城邦依然需要模仿至善者②，在此基础上确立公正的目标，使城邦追求的善和个体追求的善合一。优良的城邦能够通过习俗和法律，给人提供符合人的自然天性的最好的生活方式，使人们用一种符合秩序的形式进入生活，进入世界，从而使人获得伦理德行。这样，传统城邦体育在亚里士多德那里，是以一种不同于个人习惯的体育形式，即基于习俗的公共体育形式来强调的。

　　三　通过亚里士多德，理解柏拉图的体育观

　　根据亚里士多德的三个层次的灵魂学说，我们再回过头来思考苏格拉底和柏拉图所提出的体育观点，就能很通畅地解释了。苏格拉底和柏拉图都认为，体育锻炼的习惯是能够带来幸福的，并且都认为，不进行体育锻炼并使原本可以更美好的身体变得虚弱是很可耻的，柏拉图更是认为，一个充满医生的城邦不是好的城邦。他们两人都认为，不进行体育锻炼的缺陷在于妨碍了美好事物和秩序的实现。对此，柏拉图本人没有提供一个完备的解释体系。而站在亚里士多德的视角，我们可以理解，如果人们不进行合宜的体育锻炼，那么人的自然功能赖以维持的运作就会受到极大的阻碍，因为人的最基本的两种灵魂，即植物性灵魂和动物性灵魂，都不能够得到很好的锻炼而充分运转，而这两种灵魂的运作不良有可能会进一步影响到人之理性灵魂的运作。这样一来，原本可以使人的自然本性充分实现，从而获得美好生活的可能，就会由于人们对于体育的忽略或者由于人们的畏惧、懒惰，或者急功近利，而成为泡影。

---

　　① [古希腊] 亚里士多德：《政治学》，(台北) 昭明出版社 2003 年版，第 13 页。
　　② [古希腊] 亚里士多德：《形而上学》，(台北) 昭明出版社 2003 年版，第 468 页。

　　同时，从亚里士多德的角度来看，人发展生命的可能性来自灵魂的内在秩序性，而灵魂的秩序是天赋的、自然的，人只要遵循灵魂的内在秩序，就能不断上升，感受永恒。既然基于灵魂的内在秩序能使得人的本性得以实现，体现人之为人的实质（德行），那么每个人都应当有理性的责任去发展自身生命的善好。而由于锻炼而产生的健康、美、强壮、勇敢就是美好，不去实现这种本性自然就是人性的下降和堕落，即邪恶。

　　不过，体育锻炼本身并不足以完全使人获得完备的德行。因为人实现人之为人的关键还在于理性灵魂的运作，而理性本身则是复杂的。亚里士多德强调，人们需要通过知识教导和培养来训练理智的德行，并通过风俗习惯来训练伦理德行，并在自然之中使其发展趋于完满。① 体育锻炼可以介入理性思考，可以形成风俗和习惯，可以携带价值和意义，然而，体育锻炼本身无法自动获得关于事物的知识并形成理智的反思能力。故而，在所有理性的形式中，亚里士多德认为，有一种高于一切、自身能自足的活动，即思辨。正是通过思辨，人的灵魂能够触摸最高的存在，因为最高存在本身必然也以一种自足的形式存在。在这一点上，亚里士多德又重新回到柏拉图的绝对形式的问题，并因此强调哲学的意义。对此，音乐的作用是很值得一提的。在柏拉图的体育观中，体育和音乐是相互作用、相互影响，而形塑城邦护卫者的德行与人格的。我们在前面提到，在《理想国》中，音乐首先是以一种城邦传统的形式存在，但在后面，音乐则是以一种哲学的纯形式或纯理式存在，柏拉图并未说明原因，但如果我们通过亚里士多德来理解他，就会发现，音乐本身具有一种特性，它能够体现一种形式化和秩序化的需要，从而提升人的理智，也可以进入城邦的习俗和个体的习惯而培养人的伦理。纯粹思辨的理性并不是适用于每个个体的，因而音乐的熏陶就成为一种极佳的理智训练方式。正是从这个意义上说，好的音乐，即形式和内容结合、理智和伦理相涉的音乐，能够成为训练理性、提高德行的重要方式，从而成为体育锻炼的最佳

---

　　① ［古希腊］亚里士多德：《伦理学》，知书房出版集团2003年版，第53页。

补充。故而在柏拉图的《理想国》中，单单是强调体育和音乐两者对于教育护卫者的意义，就可以得到理解：好的体育和好的音乐相结合，能够在提高人的自然生命的功能的基础上，将人自然而然地引向理性和形式。换句话说，好的体育和好的音乐，乃是基于人的生命的自然来寻求人自身秩序化的基本方式。正是在这个意义上，在亚里士多德那里，我们重新发现人的德行和教化的根基。

在对待古希腊教化理想的堕落问题上，古希腊哲学家都看到，堕落的原因是源自技术文明发展而引起的人类的僭妄。由于对人类自身力量的信心大于对于赋予宇宙完整秩序的起源力量的信心，人们开始轻忽传统信仰中秩序和律令终点的最高神灵，开始以基于人类自身的工具性价值重新判断周围的事物和生活，这样的结果，乃是导致世界秩序的分裂和传统教化方式的断裂。传统的德行因而被解构，音乐、体育、言辞，不再是作为为追寻最高秩序而获得德行的方式，而是作为人们功利性的手段——体育成为竞技运动员的体育，而不再是作为公共生活方式和个体生活方式的体育——体育开始逐渐脱离人们对幸福追求的理想。古希腊最伟大的哲学家清楚地看到古希腊人生活困境的根本问题，因此，从苏格拉底到柏拉图再到亚里士多德，他们以哲学作为重新建构信仰根基的阵地，在思想领域重新寻找他们传统中那个代表最高秩序的神灵，并以此作为根基来重新解释传统教化方式的意义，他们强调城邦体育和音乐的习俗传统的价值，同时也强调哲学对于澄清好和善的城邦秩序的意义。

在哲学家对人的自然的认识中，一种对于人的自然与世界自然相契合的信心一直是存在的，如果自然的客观性不存在，或者人对自然客观性的认识能力不存在，人的认识就难以可能。对于柏拉图来说，回忆说意味着人类天性具有认识自然的能力，而在《蒂迈欧》篇中，柏拉图对于人类灵魂和身体的构造的分析及理解，也是为了解释一种人的自然和世界相契合的可能性，从而使人在世界中寻求生命秩序的努力是可能的。① 同样，这种人与世界相契合的信心在亚里士多德那里也十分突出，亚里士多德认为，世界的自然具有潜在的目的性，其运动有序和稳定。②

为什么对于我们现代人来说，我们不再觉得这个世界与我们相契合呢？

在这几位古典时期的哲学家之后，古希腊的思想家依然在探讨人的自然和幸福的主题，但是，随着古希腊进入伯罗奔尼撒战争，其后又被马其顿的亚历山大统治，再后来又落入罗马控制之中，城邦作为一种完美的人与自然结合的秩序体现形式逐渐瓦解，古希腊人苦苦寻求灵魂的安宁，并转而越来越倾向于提供彼岸价值的绝对神灵，甚至倾向于强调轮回等的神秘宗教。古希腊体育因此不可避免地走向衰弱。但是，附着在传统仪式上的体育比赛，如奥林匹亚竞技会，则一直以一种顽强的方式存在着，展现了传统的强大生命力，直到公元426年被禁止，宙斯神庙被摧毁，古希腊的体育盛宴才落下帷幕。

---

① 这样看来，应该也存在一种从身体自然出发并上升到人和世界的潜藏自然秩序的道路，而这一点，是不是柏拉图在《理想国》中将体育和哲学放在相对应的维度、强调体育指向生灭世界而哲学指向的永恒世界的原因？其间是不是暗含着从体育到哲学的连续性？当然，在《理想国》中，柏拉图并没有直接指出这种发展的连续性，从而使后来的人们很可能因此而误解了他，并认为，他是典型的身心二元哲学的起点。事实上，对于柏拉图而言，所有的生命和世界的自然完全融入一个绝对的智慧之中，一切的基础从生灭的世界作为起点，并且必然以永恒的世界作为终点，人的自然以身体的生灭作为起点，而以灵魂的永恒作为终点；这样的过程是自然而然的。

② David Roochnik：《古希腊哲学讲座》，http：//v. youku. com/v_ show/id_ XMjE2Nj ExMjM2. html，2011 - 4 - 12。

结语：体育何以作为教化之源

一 古希腊体育和教化的特点

（一）古希腊体育和教化的发展历程

古希腊人对于体育和教化的理解乃是基于对"自然"的理解。这一"自然"不是我们现代人所理解的自然环境，而是对不以人之存在意志为转移的"自然而然"，是古希腊人在对绝对秩序的信仰中所理解的自然。比如，亚里士多德认为，"自然是动物和植物的原因，所有这些东西都是由自然生成"。① 他认为，自然不会做无用功，自然生成带有潜在的目的性，他甚至认为，偶然不是合目的的，因此是不能被称作自然的。② 古希腊人所理解的自然包含两个层次：一个层次意味着事物本身不断地涌现，它有可能是深邃的、混沌的；另一个层次是潜在的或者说更高层次的自然，它蕴含着形式化和目的性的深刻原则，是一种在宇宙万物之上的绝对意志。

基于完整意义上的生命必然要放置在基于这种双重的自然的理解之中展开。古希腊的情况正是如此。古希腊人最初对于人之生命的理解，乃是从对大地和天空两种力量的比较中发现的隐藏在天空背后的秩序性力量——宙斯——的信仰而展开的。人被置于整个宇宙性的背景之中，和天地万物一样，受到这种秩序之法则的约束，并在万事万

---

① ［古希腊］亚里士多德：《形而上学》，（台北）昭明出版社2003年版，第464页。
② 同上书，第468页。

物相互的效力和影响以及生灭变化的过程中感受生命的本质意义。对人之自然的理解前提，正是在这种意义背景下展开。

万事万物在生灭变化中获得更新，生命在苦难和死亡之后获得新生。古希腊人对于生命的理解，既有对生命之存在本身的接受，又有对生命之意义的追寻，这就构成了他们对待人之生命的基本观念结构。生命之存在必然要展示生命存在的力量，这乃是生命之自然的法则。古希腊人传说中具有起源意义的（神）人——英雄"赫拉克勒斯"——给古希腊人提供了使生命"强而有力"的一种典范，并呈现了一种基于信仰选择艰苦的人生而具备德行的生命样式，这体现的是一种暗含目的性的、更高的自然。基于这两种自然观，古希腊体育和教化的基本价值理想由之展开。生命的自然存在本身是一切体育和教化的根基，同时寻求生命自然潜在的合目的性又是体育和教化的目的。古希腊人正是在对意味着秩序和目的的宙斯的信仰中产生了古希腊特色的体育和教化。体育（physical activity）的本意乃是人之自然的活动方式，在古希腊的语境中成为一种追求自然生命合秩序性和目的性的活动方式；教化（culture）的本意乃是自然生命的生长，在古希腊的语境中变成对于人之生命的合目的性的提升。体育也好，教化也好，必然要通过身体受难的方式来体知生命的本质含义，并形成人的德行。正是从这种意义上说，古希腊的体育和教化在本源性的意义上乃是一体的，它们乃是对同一现象两个不同层面的界定：一是其表现，二是其功效。这种本源性的理解因此构成了人之活动形式服从于人之完整生命发展的观念性前提，并对古希腊后来的体育和教化的发展产生了巨大的影响。

由对本源性德行的追求而形成的古希腊贵族生活方式，体现了体育和教化一体性的特点，这种基于习俗和传统意义上的教化，强调生命整体在信仰中的参与性，以接受命运所安排的苦难的方式不断提高心灵的能力，并以达到自身生命的卓越（德行）来保护围绕公共信仰而建构的公共空间。因此，这种进入公共空间的教化方式对于个体抑或群体公共生活都是健全而完整的。而古希腊贵族的体育就是教化的一种形式，表现为竞技会的习俗传统。当贵族德行传统的范围扩大到整个希腊地区以及城邦中的平民时，体育便以泛城邦赛会和城邦体育馆两种方式履行教化的使命，前者基于宗教习俗和传统，后者基于城邦自觉意识。在这两种形式之中，个体和公共空间之本源性的秩序力量被有意放在特殊的位置，提醒人们体育和教化的原初意义，并且为了保证这种起源意义被理解，古希腊体育始终与音乐、历史（神话、传说和故事）和修辞（哲学）结合，形成了一种完整的教化传统和体育传统。

这中间微妙的地方在于哲学发展的意义。当古希腊带有神秘的宗教色彩的传统历史由于技术文明发展和人之主体性地位的提升而被逐渐抛弃的时候，古希腊人面临着对起源的遗忘，并因此产生了"德行"的堕落和教化空间的瓦解：文明、自由和节制的理想消失，体育竞技开始变成职业，城邦青少年以口才逞能却孱弱不堪。从苏格拉底开始的哲学家开始了反思之旅，并试图在言语和思想的逻各斯中重新寻找完整的秩序性起源力量，并由此重新探索了"神"的自然法则、基于人之身心并超越人之身心的"绝对理念"、形成人之"形式"与"质料"和谐的第一推动力等，并在此意义上重新诉求了体育、音乐和哲学相结合的传统。从此，哲学成为人类得以寻求起源的永恒的心灵之路。

（二）古希腊体育和教化表现的主要特点

在上述对古希腊体育和教化的回溯过程中，我们可以发现古希腊体育和教化的如下特点：

第一，古希腊的德行乃是对人之为人的本质属性的实现，而这种人之为人的本质属性，则是在对于自然万物和人之自然生命的合目的性予以理解的信仰传统中被给定的。它强调人之自然生命的能力以及这种能力对于在同一公共空间中他者的意义，它体现一种基于身体参与的身心整体性。

第二，古希腊的教化最初是通过古希腊的贵族生活方式所承载的，古希腊后来的城邦教化乃是对于传统贵族生活方式的模仿和推广。然而，在模仿贵族生活方式的时候，如果遗忘起源意义，就不会具备真正的德行，因此，古希腊的城邦教化都以各种形式提醒人们秩序起源力量的存在。然而，这种起源力量的存在在人类理性自觉力量觉醒的前提下，很难以神话的形式进行，而必然走向哲学意义上的终极价值。

第三，古希腊的体育展现的是人之身体进入世界的活动方式，这种方式与对于苦难的感受相关。一方面，体育活动使人劳累，体验到痛苦和极限，从而使人增强对于苦难的感受力；另一方面，体育对于身体的训练又可以提高生命整体对抗苦难的能力。体育本身体现了一种自然的合目的性。

第四，对自然之秩序性的信仰乃是古希腊人在体育和教化中追求德行的本质性动力。古希腊人在德行追求的道路上，也出现过曲折。他们过去依赖一种宗教意义上的神灵的"在场"，而达到了对于个体生命和公共空间的完整性诉求。在这种意义上说，个体主动承担公共空间的使命乃是基于个体的福祉，从而使个体利益与公共利益达成根本性的和谐。但是，当宗教意义上的"神灵"由于人类工具理性的发展而"祛魅"以后，个体在公共空间中的参与性就会缺少基于终极意义的维度，公共空间就变得狭窄而诉诸利益的平衡，个体生命也趋于狭隘而失落了传统的德行。在此情形下，只有在哲学中重新寻找人之个体性生命和社会性生命在自然意义上的终极秩序性与目的性，才可能重建公共空间，重新追求传统德行并修补破裂的教化理想。

第五，古希腊的体育乃是与音乐天然而完美地结合在教化体系中的。体育指向生命自然的当下性，音乐以其形式化的特点指向当下中的潜在秩序性，音乐若与文字结合，又会构成对起源历史的回溯。因此，音乐和体育乃是教化的两大最根本的基石。当人类社会普遍"祛魅"之后，哲学又成为一种回溯起源的方式，而成为教化体系中的另外一个重要维度。因此，音乐、体育和哲学乃是古希腊教化的三大根基。

（三）古希腊人在体育和教化中展现的生命理想

古希腊的体育和教化向我们展示了一种完整生命发展的可能性，在这种可能性之中，人与神、身与心、个人与城邦、秩序与自由彼此观照，互相成就，由此而孕育古希腊人健康、德行而又不失优雅的生命形态，以及由此而来的城邦的和谐与康健，达成黑格尔所言的"畅适自足"。

作为一种教化的方式，古希腊体育的价值维度是作为一种生命力的存在形式，与代表记忆的音乐与逻各斯、代表世界容身处的场地（空旷的场地、广场与体育馆）以及代表神圣起源的"火"，一同构成了古希腊人格发展的四个维度。而古希腊的体育竞技场所由于其在这四个维度上所显明的意义，已经超出了地理空间的价值，而具有一种超越性的视野。光照是竞技的前提，缺乏光照的竞技场是不被神佑的，现代奥运会仍然保留圣火传递的传统，意味着，不管国度多么遥远，只要圣火传达，竞技就依然在起源的神圣的光照之下；音乐和逻各斯是一种记忆的形式，也是一种在时间的流逝中追溯起源性的努力，它代表着在不可捉摸的生活中寻求最高真理的向往，是连接过去、现在和永恒的力量；而体育则代表着现实的存在，以及在现实的各种紧张和冲突中展开的力，一种生命真实的表达，一种涌现的力量及传达到他者和未来的努力，体育的力量是现在的，不断向前张开的，因此，体育伸向时间和空间中的未知领域；广场、竞技场和体育馆是一种包容性的力量，它代表着世界无限的可能性。因此，古希腊人格发展的维度，乃是在神圣光照之下，于无限可能的世界之中，回忆起源和模仿起源，并扩展生命的力量和潜力。

柏拉图探讨体育的教化价值，其前提正是基于这一理解。柏拉图认为，音乐和体育是两种最为基本的教化形式，提倡先进行音乐教育，再进行体育教育，两者都是为了心灵发展的需要。如果音乐教育不够，则会显得野蛮；而体育教育不够，则会显得柔弱。在此之后，柏拉图则探讨了音乐教育内容的合法性问题，即神灵或神圣起源的性质问题。这三部分的探讨意味着，柏拉图肯定了音乐作为一种回忆对于神圣起源的模仿的力量，并且以这种力量作为人的教育的前提，倘若这种教育不够，则意味着人接近于更为野蛮和原始的状态，即一种"不具备神性的人性"的状态。然而体育倘若进行不充分，个体内在的生命力量则不能充分展开，因此，人就会变得柔弱不堪。在柏拉图的思想中，身体或者体育并不是以一种与心灵对应的概念和范畴出现的，他说，体育对应的是"生灭的事物"，我们可以理解为具有生命和变化能力的一切事物，或者说一切世界的事物，因为没有一种世界的事物不是生灭变化的。而与之对应的概念，则是"永恒不变的事物"，也就是神圣的起源，世界之上的超验存在，只能通过回忆（或音乐言辞）的形式来追忆的真理和起源，一个永远在理想中寻求的美好与美满。因此，这里体育是一个几乎与世界性相等同的概念，其对立的概念是永恒和绝对。因而体育作为一种教化方式，也绝不仅仅是一种仅仅关涉肉身发展、体格强健的技艺，而是与音乐相对应的、发展在世界上无限可能性的人格维度的关键一环。

二　体育作为教化之源：古希腊体育带来的启示

与古典时期相比，我们的现代文明逐渐丧失了两种自然的更新能力，一种是自然生态圈的自我更新能力（表现为资源枯竭、环境破坏、气候极端化等方面），另一种是人类生命自身的自我更新能力。现代人的身体日益衰弱，精神日益贫乏。我们确实应该重新反思我们的社会和文化，重新寻找新的教化的可能性。

我们的生命自我更新能力如何恢复？我们如何通过教化获得生命的整全？

本书通过探讨古希腊体育和教化体系的发展，认为古希腊给我们提供了以下启示：

（一）德行源自自然生命内在秩序性的发展

德行乃是教化的基本目标。然而，现代人理解德行，其实更容易将其理解为世俗道德，在社会生活失去其自然整体性的情况下，现代人的道德观也失去传统德行的完整性。麦金太尔认为，现代人的个人生活的整体性已然丧失：每个人的生活都被不同的角色分割成片段，散布于不同的领域之中。在每一个领域中都有准则和行为模式，个人只要遵循这些准则和行为模式，就能成为有道德的人。① 在这种情况下，现代教化也是体现对社会个体生活之各个维度的规训，教化的目标也成为培养社会生活的零部件。

然而，古希腊人由于以宇宙性整体秩序作为前提，因此，首先是将人之自然生命存在的整体性作为教化观念的前提的。古希腊教化乃是作为 pheadia（全人的、身心和谐发展的）的教化，其立足于重新发现人之自然，在人之自然法则之中追溯意义性和秩序性的存在。在此基础上，古希腊的教化的本质是指向完整的生命个体的，城邦的意义在于它提供了良好的个体与个体之间共同生活的方式。在此意义上，教化所追求的德行，是以对个体完整的自然生命能力之可能性的发展作为根本目标。而古希腊体育作为一种本源性的体育，是一种作为人之"physis"（自然）的体育，它关心的不是身体的某一种功能，而是整个身体在世的姿态，关涉身体之于自然世界、之于个体心灵、之于城邦空间的姿态。古希腊体育提供了古希腊人一种生命整体参与世界的方式，它后来发展出两种方向，一种是作为竞技传统的 athletics，另一种是作为教化传统的 gymnasion，这两种不同的体育方式，在对体育起源意义保有的基础上，仍然具备追求自然德行的意味，体现了人作为整体生命存在宇宙天地间的生命诉求。

古希腊启示我们，我们应该试图追求基于生命自然法则的德行，重新寻求基于生命之自然存在的体育和基于生活整体发展的教化，正是在这两种意义上的体育和教化，提供了我们生命整体进入和参与世界的方式。

（二）教化的途径乃是生命的参与性

人必须进入世界，参与世界。人只有首先进入世界，才能最后超越世界；人只有首先经历事物的生灭变化，才能看到事物背后的永恒存在。人只有承认自然，才能获得秩序；只有通过完整性的生命参与到当下之中，才能获得一种人生的品质和姿态。因此，麦金太尔认

---

① 郑根成：《德性之后》，载唐凯麟《西方伦理学名著提要》（第 2 卷），（台北）昭明出版社 2000 年版，第 357 页。

为，德行是一种获取性的人类品质，拥有和实践它，使我们能够获得实践的内在利益；而缺乏它，就使我们无从获得这些利益。① 在这里，麦金太尔所提到的这些内在利益指的是必须通过人自身的参与式实践才能获得的利益，这些利益通过其他方式通常无法获得。

古希腊人的社会生活，都是以实践生命意义的方式出现的。古希腊的体育、音乐、诗歌、修辞和哲学，都体现出古希腊人实践生命意义的努力，而寻求生命的起源意义从而也构成古希腊个体和城邦生活合法性的依据。正是在此意义上，古希腊人的生活方式本身能成为他们习得德行的途径。

教育需要为未来的生活做准备，但是，人如果不能接受人的自然性，并依据自身的自然性进入世界之中，或者说，人若不进入当下的生活，人就不可能进入将来的生活。正是在这个意义上，教育就是生活比教育是为将来的生活做准备更准确。人的自足不是仅仅靠冥想和深思就可以获得的，因为人无时无刻不在面对自身的个体自然和群体自然这两种自然需求。因此，教育的意义不在于让人对未来的生活做何种准备，而在于如何引导人参与世界和进入生活之中。

（三）体育是生命整体参与世界获取意义的重要方式

在人进入世界和参与世界的过程中，身体性的参与是十分重要的。身体是人无法摆脱的自然根基。忽略人之身体性，意味着人类进入世界时最可怕的残缺不全，而其付出的代价将会是非常不幸的。身体之此在，决定了人之存在的基点，正如海德格尔所说的："它是区分此在式的存在者和非此在式的存在者的界限，而基础存在论的一切构想都建立在这个区分之上。"② 正是从这种身体作为此在之本的意义上说，卢梭的自然主义教育和杜威的实用主义教育都将体育作为生命发展的重要形式，并将个体的发展模式诉诸从身体到心灵的过程。

然而，人的身体并非作为单独性的事物而存在，而是在生命的整

---

① 转引自唐凯麟《西方伦理学名著提要》第 2 卷，（台北）昭明出版社 2000 年版，第 356 页。

② 王珏：《大地式的存在——海德格尔哲学中的身体问题初探》，《世界哲学》2009 年第 5 期。

体意义中自然显现出来的。因此，据说，"海德格尔并非不追问身体现象，只是他是在存在维度中追问的"。① 身体作为一种隐藏的和潜在的根基，如同大地一样，必然要承载秩序化的形式。因此，古希腊人在进行体育活动时，往往强调人们在体育活动中克服困难并训练身心的能力，这是对于古希腊生命之本质理解的一种回应。通过体育，人们可以理解自然生命本身的苦难，并在此基础上真正获得与之相对应的对美好事物的感受，这是古希腊体育德行传统的基础，是获取勇敢等美德的前提。

作为生命参与世界的一种方式，古希腊人的体育承载着他们传统中独特的能体现人的自然发展的意义体系：以充分发展个体的自然生命能力作为个体德行的追求，以个体自然能力对于公共空间的显现作为衡量德行的标准。由此，古希腊人很自然地将德行从个体生命福祉的维度转化成为社会和公共事物发展的维度。个体自然生命是不可能在脱离社会的条件下完全自足的，因此，德行必然具备社会公共生活的维度。换句话说，个体对自身生命的敬畏和尊重，必然导致他们对其所必须生存的环境和社会有所要求而尊重与他们同样的生命，并寻求有利于生命之发展的最佳公共活动形式。这样来看，公共生活的参与方式，并不是被人为给定的，而是个体生命在理性寻求有利于生命发展的活动中自然形成的。古希腊的公共空间，并不是以世俗规范来维持的，而是通过追求"公共性"来敞开的，公共性是古希腊信仰的一种自然结果：对自然潜在意义的确认和对个体自然生命的敬畏就是最大的公共性。因此，古希腊人的公共生活，并不以牺牲个人福祉作为代价，而是基于追求个人福祉的最大限度的成全。

作为生命参与方式的体育，也必然要与城邦生活相结合，并寻求个体和城邦发展的结合点。对此，古希腊人的方法，是重新回到让所有个体性和公共性同一的神圣起源，以这种力量敞开公共空间，并引导体育的发展。古希腊的贵族竞技会、泛城邦赛会和体育馆制度都是

---

① 王珏：《大地式的存在——海德格尔哲学中的身体问题初探》，《世界哲学》2009 年第 5 期。

在这一前提下进行的。

因此，所谓体育作为教化之源，并不是简单地将身体的活动作为教化的基础，而是通过这种生命整体的参与方式来作为教化的基点，并重新寻求使教化和德行发展得以可能的力量。古希腊 physis 的体育，其作为教化之源，意味着一种本源性的意义，这种本源性的意义是基于对人之自然生命在宇宙整体中的合目的性的理解。古希腊人通过体育发现这一奥秘，体悟人之生命自然存在的意义，重新回到意义丰盈的世界之中。因此，体育和教化最终的走向，并不是直接走向身体的主观感受，而是走向德行和信仰。

信仰是必要的。人类生命的本质和宇宙万物的本质一样，都是在生灭变化之中相互补充和效力，生命必然会经历艰苦、磨难、痛苦、忧伤、失望等。然而，生命往往也在苦难中提炼和升华，对于美好事物的感受也往往由于对苦难的体验而更为深刻。但是，人类的本性屈从安逸和享受，倘若顺从自然欲望，人不可能直接了解到苦难对于人的意义，也不可能了解到苦难之后的美好的价值。人对于美好事物的体验，有一个从感受到理性的反复的过程，对事物意义的确定和确信只有通过信仰参与的意义才能完成。而古希腊人进入了世界之中，通过不断回溯起源的神圣维度，寻找自然之初的智慧性，寻找人的自然生命存在的潜在意义和秩序。正是在这样的过程中，他们的信仰得以充实，他们的生命得以在世界中安稳并超越了生活，他们在自然之中超越了自然。

人的生命是自然最伟大的杰作，是造物主最隐蔽的奥秘，它是人周围际遇不断涌现的真实源头，是可观照性和不可预测性的统一，是意义和价值的起点，是文明和文化的原点。任何回到起源的努力，最终都会回到生命存在本身这一最真实的问题。在生命之中，事实与价值、当下与永恒、此处与他乡，都是同一的。此在的生命就是人类精神探索的永恒起点，敬畏生命、追寻生命的意义就是人类意义和价值位序的根基。

体育是自然恩赐的生命礼物，是我们不能遗忘和忽略的自然本领。体育不是高深的道理，而是普通的常识，就像每天需要吃饭喝水一样，非常普通，并且贯穿一生，只是运动没有感觉到迫切需要，但生命同样离不开它。就身体锻炼而言，并不一定是职业选择，而是生命本身的需求。疾病或者死亡在每个人的一生中迟早总会面临，目前并非迫切需求的愿望，日后经常会被改变。体育运动带给人的益处显而易见，其收获是平等的，因为生活的本质就是苦难，每个人都能感受到运动的劳苦，找苦吃，苦就会分散，怕吃苦，困难就会积累，美好的事物由苦中而来的自然法则决定了这样的因果关系。

是否重视体育，往往可以成为衡量一个社会是否文明的重要标准。因为重视体育，意味着对自然法则的认识和敬畏，将人的生命价值作为最高价值来对待。带着对生命的敬畏之心从事体育活动和体育事业，也会极大地促进人们对自身生命意义和社会价值的理解，从而促进社会文明向前发展。

古希腊的世界并不外在于我们，它也面对生命这一人类永恒的问题，并且，古希腊人为我们提供了一种生命参与世界的最佳方式，他们早在两千多年前，就对生命之自然介入理性的思考，从对生命的身体性存在开始，到对生灭世界的理解，而进入对至善的追求之中，从而以一种对最高秩序（宙斯、神、绝对理念、相、至善、第一推动力）的把握作为根基，将人类的教育形态解释成体育、音乐和哲学这三大领域，以此作为人之生命发展的最佳途径，并寻找到了一条个体生命在世界中寻求秩序和意义的通达之路。

从这个意义上说，本书以希腊体育为切入点，从古希腊体育的神话起源到再现于英雄传说之中，进而分析体育在城邦世界中的展开，进一步剖析体育在古希腊哲人视野中的丰富扩展，由此而全面展现古希腊的生命意蕴，从体育走向人的生命理想，走向人在城邦中的健全姿态，本书的研究也从体育走向哲学，从体育哲学走向教育哲学，走向人的生命哲学。

参考文献

一 专著类

[1] ［古希腊］埃斯库罗斯：《希腊悲剧之父全集》，张炽恒译，（台北）书林出版有限公司 2008 年版。

[2] ［英］彼得·阿克罗伊德：《古代希腊》，生活·读书·新知三联书店 2007 年版。

[3] ［古希腊］柏拉图：《理想国》，郭斌和、张竹明译，商务印书馆 1986 年版。

[4] 莎拉·B. 波默罗伊、斯坦利·M. 伯斯坦、沃尔特·唐兰、珍妮弗·托尔伯特·罗伯茨：《古希腊政治、社会和文化史》，傅洁莹等译，上海三联书店 2010 年版。

[5] ［德］E. 策勒尔：《古希腊哲学史纲》，山东人民出版社 2007 年版。

[6] 陈荣华：《海德格尔存在与时间阐释》，台湾大学出版中心 2006 年版。

[7] ［日］村上春树：《当我跑步时我谈些什么》，南海出版公司 2009 年版。

[8] ［法］丹纳：《艺术哲学》，傅雷译，人民文学出版社 1963 年版。

[9] ［美］约翰·杜威：《民主主义与教育》，王承绪译，人民教育出版社 1990 年版。

[10] ［英］詹姆斯·乔治·弗雷泽：《金枝》，大众文艺出版社 1998 年版。

[11] ［英］简·艾伦·赫丽生：《古希腊宗教的社会起源》，广西师范大学出版社 2004 年版。

［12］海德格尔：《存在与时间》，陈嘉映、王庆节译，生活·读书·
　　　新知三联书店 1987 年版。

［13］［德］黑格尔：《逻辑学》上卷，商务印书馆 1974 年版。

［14］［古希腊］荷马：《荷马史诗·伊利亚特》，罗念生、王焕生译，
　　　人民文学出版社 1994 年版。

［15］［古希腊］荷马：《荷马史诗·奥德赛》，王焕生译，人民文学
　　　出版社 1997 年版。

［16］［古希腊］赫西俄德：《工作与时日·神谱》，商务印书馆 2006
　　　年版。

［17］胡塞尔：《纯粹现象学和现象学哲学的观念》，译文出版社 1994
　　　年版。

［18］汉密尔顿：《希腊思想》，吉林大学出版社、吉林音像出版社
　　　2004 年版。

［19］［英］纳撒尼尔·哈里斯：《古代希腊生活》，希望出版社 2006
　　　年版。

［20］洪涛：《逻各斯与空间——古代希腊政治哲学研究》，上海人民
　　　出版社 1998 年版。

［21］黄金鳞：《历史、身体、国家——近代中国的身体形成
　　　（1895—1937）》，新星出版社 2006 年版。

［22］［英］H. D. F. 基托：《希腊人》，世纪出版集团、上海人民出
　　　版社 2006 年版。

［23］金生铉：《德性与教化——从苏格拉底到尼采：西方道德教育哲
　　　学思想研究》，湖南大学出版社 2003 年版。

［24］［英］弗朗西斯·麦克唐纳·康福德：《修昔底德——神话和历
　　　史之间》，上海三联书店 2006 年版。

［25］［法］克琳娜·库蕾：《古希腊的交流》，广西师范大学出版社
　　　2005 年版。

［26］［英］保罗·卡特利奇：《剑桥插图古希腊史》，山东画报出版
　　　社 2005 年版。

［27］刘小枫：《沉重的肉身》，华夏出版社 2004 年版。

[28] 刘小枫：《昭告幽微：古希腊诗品读》，Hong Kong：Oxford University Press，2009 年版。

[29] 斯特劳斯：《色诺芬的品味——经典与解释》第 13 辑，刘小枫、陈少明主编，华夏出版社 2006 年版。

[30] 刘昌元：《尼采》，（台北）联经出版社 2004 年版。

[31] 刘铁芳：《古典传统的回归与教养性教育的重建》，北京师范大学出版社 2010 年版。

[32] ［法］卢梭：《爱弥尔》，商务印书馆 1978 年版。

[33] ［古希腊］第欧根尼·拉尔修：《名哲言行录》，吉林人民出版社出版 2003 年版。

[34] 罗念生：《罗念生全集》第四卷，上海人民出版社 2004 年版。

[35] 罗念生：《罗念生全集》第六卷，上海人民出版社 2004 年版。

[36] 罗念生：《罗念生全集》第八卷，上海人民出版社 2004 年版。

[37] 李振刚：《智者的叮咛》，知书房出版集团 2001 年版。

[38] ［美］布鲁斯·林肯：《死亡、战争和献祭》，上海人民出版社 2002 年版。

[39] 莫里斯·梅洛·庞蒂：《知觉现象学》，姜志辉译，商务印书馆 2001 年版。

[40] ［古希腊］色诺芬：《居鲁士的教育》，华夏出版社 2007 年版。

[41] ［古希腊］色诺芬：《回忆苏格拉底》，吴永泉译，商务印书馆 1984 年版。

[42] ［古希腊］索福克勒斯：《奥狄浦斯王》，罗念生译，人民文学出版社 2002 年版。

[43] 安德鲁·斯特拉桑：《身体思想》，春风文艺出版社 1999 年版。

[44] ［美］梯利著，伍德增补：《西方哲学史》，商务印书馆 2004 年版。

[45] 汪民安：《身体、空间与后现代性》，江苏人民出版社 2006 年版。

[46] 吴雅凌：《神谱笺释·经典与解释》，华夏出版社 2010 年版。

[47] 邬昆如：《形上学》，（台北）五南图书出版股份有限公司 2004

年版。

[48] ［法］瓦诺耶克:《奥林匹亚运动会的起源及古希腊罗马的体育运动》,百花文艺出版社 2006 年版。

[49] 徐芹庭:《细说易经六十四卦》,中国书店出版社 2009 年版。

[50] ［古希腊］亚里士多德:《形而上学》,（台北）昭明出版社 2003 年版。

[51] ［古希腊］亚里士多德:《亚里士多德全集》,中国人民大学出版社 1992 年版。

[52] ［古希腊］亚里士多德:《政治学》,（台北）昭明出版社 2003 年版。

[53] 王以欣:《神话与竞技——古希腊体育运动与奥林匹亚赛会起源》,天津人民出版社 2008 年版。

[54] 王以欣:《神话与历史——古希腊英雄故事的历史和文化内涵》,商务印书馆 2006 年版。

[55] ［法］让·皮埃尔·韦尔南:《古希腊的神化与宗教》,生活·读书·新知三联书店 2001 年版。

[56] ［法］让·皮埃尔·韦尔南:《众神飞扬——希腊诸神的起源》,中信出版社 2003 年版。

[57] ［法］让·皮埃尔·韦尔南:《希腊人的神话和思想——历史心理学分析研究》,中国人民大学出版社 2007 年版。

[58] 吴汝钧:《纯粹力动现象学》,（台北）商务印书馆 2005 年版。

[59] 王坤庆:《教育学史论纲》,湖北教育出版社 2000 年版。

[60] ［古希腊］修昔底德:《伯罗奔尼撒战争史》,商务印书馆 1960 年版。

[61] ［古希腊］希罗多德:《历史》,远方出版社 2006 年版。

[62] 郑振铎:《郑振铎全集》第十八卷,花山文艺出版社 1998 年版。

[63] 赵敦华:《西方哲学简史》,（台北）五南图书出版股份有限公司 2002 年版。

[64] 郑根成:《德性之后》,载唐凯麟《西方伦理学名著提要》（第

2 卷)，（台北）昭明出版社 2000 年版。

[65] （汉）郑玄笺，（唐）孔颖达撰：《十三经注疏·毛经正义》，古本。

[66] Ilias Arnaoutoglou, *Ancient Greek Laws: A Sourcebook*, London and New York: Routledge, 1998.

[67] Arthur Bernard Cook, *Zeus: A Study in Ancient Religion*, Cambridge: Cambridge University Press, 1940.

[68] Plato, *Gorgias*, trans. W. D. Wocdhead, *Bolligen Series LXXI*, New Jersey: Princeton University Press, 1961.

[69] Debra Hawhee, *Bodily Arts: Rhetoric and Athletics in Ancient Greece*, Austin: University of Texas Press, 2004.

[70] Werner Jaeger, *Paideia: The Ideas of Greek Culture* (Vol. 1), trans. from Second German Edition by Gilbert Highet, Basil Blackwell Oxford, 1946.

[71] Werner Jaeger, *Paideia: The Ideas of Greek Culture* (Vol. 3), trans. from Second German Edition by Gilbert Highet, Oxford University Press, 1944.

[72] Donald G. Kyle, *Sport and Spectacle in the Ancient World*, Blakwell Publishing, 2007.

[73] Stephen G. Miller, *Ancient Greek Athletics*, New Haven and London: Yale University Press, 2004.

[74] Stephen G. Miller ed. , *arête: Greek Sports from Ancient Sources*, Oakland: University of California Press, 2004.

[75] Merleau – Ponty, *Phenomenology of Perception*, trans. Colin Smith, Routledge, 2002, Preface.

[76] Pausanias, *Description of Greek*, Cambridge: Harvard University Press, 2000.

[77] David Sansone, *Greek Athletics and the Genesis of Sport*, Oakland: University of California Press, 1992.

[78] Frank Schalow, *The Incarnality of Being: The Earth, Animals and*

the Body in Heidegger's Thought, Albany：State University of New York Press，2006.

[79] Rudolf Steiner，*A Modern Art of Education*，Anthropsophic Press，2004.

[80] Samuel Todes，*Body and World*，Massachusetts：The MIT Press，2001.

[81] Pindar，*Odes of Pindar*，London：Bohn's Classical Library.

二　期刊类

[1] 毕会成：《林间隙地：希腊古史研究的另一种可能》，《书屋》2006 年第 8 期。

[2] 白真、王悦：《"中""希"体育文化特点形成因素之比较研究》，《贵州体育科技》2004 年第 1 期。

[3] 包国光：《古希腊的"自然"和"技术"——海德格尔对 φυσις 和 τεχνη 的解释》，《自然辩证法研究》2010 年第 4 期。

[4] 蔡艺：《神话自然观与中西体育文化差异》，《河北体育学院学报》2011 年第 1 期。

[5] 陈村富：《希腊原创文化及其观念》，《浙江大学学报》（人文社会科学版）2003 年第 5 期。

[6] 陈村富：《古希腊奥林匹亚赛会考》，《浙江大学学报》（人文社会科学版）2008 年第 3 期。

[7] 崔江：《中国传统体育文化分析》，《中山大学学报论丛》2005 年第 3 期。

[8] 杜丽燕：《智者的教化和希腊哲学的转向》，《求是学刊》2006 年第 3 期。

[9] 杜俊娟：《中国传统体育文化观与奥林匹亚文化观比较研究》，《首都体育学院学报》2009 年第 1 期。

[10] 冯胜兰：《道家思想对体育文化的双重价值影响》，《搏击·武术科学》2008 年第 8 期。

[11] 樊杰：《体育作为一项青少年基本权利受到重视》，《武汉体育学院学报》2010 年第 12 期。

[12] 古纯玉：《文化视野下的古希腊体育馆》，《乐山师范学院学报》2004 年第 12 期。

[13] 郭文良：《儿童道德的"深层语法"与"道德教化"》，《教育学术月刊》2009 年第 9 期。

[14] 郭晓明：《知识与教化：课程知识观的重建》，《华东师范大学学报》（教育科学版）2003 年第 6 期。

[15] 黄洋：《希腊城邦的公共空间与政治文化》，《历史研究》2001 年第 5 期。

[16] 郝志军：《教学文化的价值追求：达成教化与养成智慧》，《教育研究》2008 年第 4 期。

[17] 胡吉星：《仁的境界与善的理念——孔子与柏拉图文艺教化观之比较》，《北京青年政治学院学报》2009 年第 10 期。

[18] 何涛：《试论奥林匹亚的"育人"思想》，《山西师大体育学院学报》2010 年第 4 期。

[19] 焦文峰：《哈贝马斯的公共领域理论述评》，《江苏社会科学》2000 年第 4 期。

[20] 靳晓东、赵洁：《古代乡射礼的教化功能》，《西安航空技术高等专科学校学报》2010 年第 7 期。

[21] 金生鈜：《德性教化乃心灵转向——解读柏拉图的德性教化理念》，《湖南师范大学教育科学学报》2002 年第 6 期。

[22] 李树英：《教育现象学：一门新型的教育学——访教育现象学国际大师马克思·范梅南教授》，《开放教育研究》2005 年第 6 期。

[23] 李宝红：《梁启超文化观述论》，《华中师范大学学报》（人文社会科学版）1998 年第 9 期。

[24] 李力研：《"武化"与"文化"——中国体育的土壤特征与气候流变》，《武汉体育学院学报》1994 年第 4 期。

[25] 李力研：《苦难的反抗》，《天津体育学院学报》1994 年第 12 期。

[26] 李力研：《体育：希腊人的自由——读黑格尔〈历史哲学〉片

段》，《北京体育大学学报》2002 年第 1 期。

[27] 李力研：《奥林匹亚精神与体育文化 ——一种东西方文化比较的哲学文化学视角》，《天津体育学院学报》2002 年第 2 期。

[28] 李力研：《体育："培养人的勇敢"——亚里士多德体育思想解析》，《中国体育科技》2003 年第 5 期。

[29] 李力研：《奥林匹亚运动与中西方文化性格》，《首都体育学院学报》2004 年第 9 期。

[30] 刘良华：《"身体教育学"的沦陷与复兴》，《西北师范大学学报》（社会科学版）2006 年第 3 期。

[31] 刘铁芳：《从理想主义到经验主义——试论传统道德教化价值目标的现代性转向》，《伦理学研究》2004 年第 2 期。

[32] 刘铁芳：《生命问题的累积：当代中国社会道德教化问题的整体反思》，《教育理论与实践》2005 年第 5 期。

[33] 刘欣然、蒲娟、黄玲、洪晓彬、姚立兵：《古希腊城邦体育运动的文化探析》，《西安体育学院学报》2009 年第 9 期。

[34] 梁同福：《论儒家文化与中国古代体育文化的范式》，《中国体育科技》2008 年第 4 期。

[35] 吕利平、郭成杰：《论先秦儒家礼乐教育中的体育观》，《成都体育学院学报》2006 年第 6 期。

[36] 郎玥：《古代中西方竞技体育中的政治理念》，《体育科学》2011 年第 1 期。

[37] 马廉祯：《中国射箭：继承与新生》，《搏击》2010 年第 8 期。

[38] ［德］格尔特鲁德·普菲斯特：《国际体育史研究的现状、问题的前景》，刘岳冶编译，《体育科学》1997 年第 1 期。

[39] 秦华：《中西方体育文化之比较研究》，《搏击·武术科学》2007 年第 9 期。

[40] 戚海燕、吴长法：《古代中西方文化教育的"源"差异之比较》，《学术界》2010 年第 8 期。

[41] 孙玮：《竞技中"游戏精神"的遮蔽及其教化》，《体育科学》2011 年第 1 期。

[42] 汤丽英、姚灿国、廖勇胜：《中国习武者的儒道人格特征探析》，《赤峰学院学报》（自然科学版）2008 年第 9 期。

[43] 王柯平：《柏拉图的身体诗学观》，《哲学研究》2005 年第 7 期。

[44] 王宝霞：《阿伦特的"公共领域"概念及其影响》，《山东社会科学》2007 年第 1 期。

[45] 王斌：《礼文化对中国传统体育发展的影响》，《上海体育学院学报》2004 年第 10 期。

[46] 王珏：《大地式的存在——海德格尔哲学中的身体问题初探》，《世界哲学》2009 年第 5 期。

[47] 王玲、申恒胜：《"公共领域"之系谱考察》，《学习与实践》2007 年第 11 期。

[48] 王邵励：《泛希腊公共空间的"一体多元"特征：由奥林匹亚公祭竞技会管窥》，《东北师范大学学报》（哲学社会科学版）2008 年第 3 期。

[49] 王岗：《中国武术：一种追求教化的文化》，《体育文化导刊》2007 年第 3 期。

[50] 王润斌、王群：《古希腊妇女竞技新论》，《南京体育学院学报》2010 年第 2 期。

[51] 王珊：《古希腊体育文明解读》，《山西师大体育学院学报》2010 年第 8 期。

[52] 万发达、万发强：《中国传统体育与西方体育的文化比较》，《河北体育学院学报》2005 年第 12 期。

[53] 吴飞：《古典竞技：战争与和平》，《读书》2008 年第 2 期。

[54] 吴熙钊：《以太》，《中国哲学史研究》1988 年第 3 期。

[55] 吴长法：《古代中西方文化教育的"源"差异之比较》，《学术界》2010 年第 8 期。

[56] 武卉昕：《苏格拉底之德性的教化》，《兰州学刊》2006 年第 7 期。

[57] 谢文郁：《论中西哲学分化的逻辑起点——古希腊本原论和

〈老子〉哲学比较》，《苏州大学学报》（哲学社会科学版）
1988 年第 1 期。

[58] 谢文郁：《信仰和理性：一种认识论的分析》，《山东大学学报》
（哲学社会科学版）2008 年第 3 期。

[59] 谢光前：《古希腊体育与身体意识的觉醒》，《体育学刊》2006
年第 3 期。

[60] 谢光前、陈海波：《体育之兴衰与身体解放》，《江南大学学报》
（人文社会科学版）2006 年第 8 期。

[61] 谢光前、陈海波：《论体育运动中的身体叙事》，《武汉体育学
院学报》2008 年第 2 期。

[62] 萧瑟：《布尔特曼和哈贝马斯》，《读书》1996 年第 10 期。

[63] 薛晓阳：《希望哲学与精神教化》，《教育理论与实践》2004 年
第 15 期。

[64] 薛晓阳：《论虚无、敬畏与教化》，《现代大学教育》2008 年第
5 期。

[65] 杨适：《希腊哲学中的“存在”语词》，《世界哲学》2004 年第
1 期。

[66] 杨明全：《知识与教化：中学 STS 课程的价值解析》，《全球教
育展望》2008 年第 6 期。

[67] 杨豹：《当代西方德性伦理视野中的德性教化及其启示》，《伦
理学研究》2010 年第 5 期。

[68] 杨冰、王凌皓：《古希腊教育思想学术原创性评析》，《教育研
究》2010 年第 3 期。

[69] 岳志强、王邵励：《试析古希腊奥林匹亚公祭竞技会上的公民
作为》，《社会科学战线》2008 年第 4 期。

[70] 余德华：《论赫拉克利特哲学中的“逻各斯”》，《浙江学刊》
2000 年第 1 期。

[71] 于华：《从宗教节日到体育盛会——从公共空间视角对古代奥林
匹亚竞技会的再解读》，《成都体育学院学报》2008 年第 10 期。

[72] 于华：《从身体维度解读隐匿于奥林匹亚运动中的法权理念》，

《武汉体育学院学报》2009 年第 3 期。

[73] 赵林:《论希腊哲学的神话渊源》,《学术月刊》1999 年第 4 期。

[74] 赵洪志:《重视武术的教化作用》,《精武》2008 年第 7 期。

[75] 赵汀阳:《最好的国家或者不可能的国家》,《世界哲学》2008 年第 1 期。

[76] 赵玉、陈炎:《奥林匹亚运动中的"女性":告别沉默的"他者"》,《南京大学学报》(哲学·人文科学·社会科学) 2008 年第 4 期。

[77] 赵岷、许国宝、李翠霞:《由教化身体走向解放身体——体育教育的 21 世纪猜想》,《武汉体育学院学报》2007 年第 10 期。

[78] 章雪富:《柏拉图的存在论与辩证法之关系——兼论〈智者篇〉》,《淮阴师范学院学报》1999 年第 5 期。

[79] 张志勇、程卫波:《运动员身体的文化解读》,《体育与科学》2011 年第 1 期。

[80] 张轩辞:《身体的医术与灵魂的医术——论古希腊医学与哲学的相互影响》,《现代哲学》2009 年第 5 期。

[81] 张小迪、史艳红:《试析中西方古建筑之异同》,《山西建筑》2007 年第 9 期。

[82] 张楚廷:《体育:大学宝贵的教育资源》,《高等教育研究》2007 年第 5 期。

[83] 张杰:《中国体育文化心理寻根》,《首都体育学院学报》2005 年第 7 期。

[84] 朱君、郑雪荣:《从中西文化的对比中探究体育的差异》,《体育世界》2006 年第 7 期。

[85] 郑军:《论先秦乡射礼仪式展示的道德人格教育范式》,《现代语文》(文学研究版) 2009 年第 7 期。

[86] Angela Gregory, *New Zealand Study Finds New Origin of English Language*,载《英语世界》第 10 期,商务印书馆 2004 年版。

[87] Robert Luyster, "King Ego and the Double – Sex Dancer", *Journal of*

Religion and Health, Vol. 19, No. 2, Summer 1980.

[88] Graham Pont, "Philosophy and Science of Music in Ancient Greece", *Nexus Network Journal*, 2004, p. 17.

[89] Nicholas D. Smith, "Plato's Analogy of Soul and State", *The Journal of Ethics* 3, 1999, pp. 31 – 49.

三 论文集类

[1] [古希腊] 柏拉图:《柏拉图的会饮》（西方思想家经典与解释），刘小枫译，华夏出版社 2003 年版。

[2] 陈恒、瓦诺尔·耶戈尔:《Paideia：希腊文化理想》，载《中国学术》，商务印书馆 2002 年版。

[3] 葛利斯沃德:《〈裴德若〉中神话与对话的统一》，张文涛译，载刘小枫、陈少明主编《赫尔墨斯的计谋》，华夏出版社 2005 年版。

[4] 黄东兰:《身体、心性、权力》，浙江人民出版社 2005 年版。

[5] [古希腊] 西摩尼得斯:《德行》，水建馥译，人民文学出版社 1988 年版。

四 学位论文类

[1] 董孝鹏:《赫拉克利特哲学残篇译注》，硕士学位论文，东北师范大学，2011 年。

[2] 樊杰:《古希腊体育的哲学意蕴探析》，硕士学位论文，湖南师范大学，2008 年。

[3] 何静:《身体意象与身体图式——具身认知研究》，博士学位论文，浙江大学，2009 年。

[4] 季晓峰:《从意识经验到身体经验——梅洛·庞蒂身体现象学研究》，博士学位论文，华东师范大学，2010 年。

[5] 李鹏:《论古希腊文学中的奥林匹亚精神》，硕士学位论文，天津师范大学，2007 年。

[6] 王邵励:《泛希腊节庆与古希腊城邦政治文化：以"奥林匹亚节"为中心的分析》，硕士学位论文，东北师范大学，2004 年。

[7] 徐献军:《具身认知论——现象学在认知科学范式转型中的作

用》，博士学位论文，浙江大学，2007 年。

［8］赵岷：《身体·体育·文化》，硕士学位论文，苏州大学，2007 年。

［9］张波：《古希腊神话传说之蕴与奥林匹亚竞技会之源》，硕士学位论文，华东师范大学，2007 年。

五 电子资料类

［1］BBC：《霍金的世界·盘古初开》，http：//v. ku6. com/show/7GlGQTBx2eUIwb_ G. html，2011 年 4 月 12 日。

［2］BBC：《创世·宇宙大爆炸》，http：//www. tudou. com/programs/view/oy8xwpVFaGU/isRenhe＝1，2011 年 4 月 12 日。

［3］BBC：《神秘的混沌理论》，http：//www. tudou. com/programs/view/UownJVYTqdY/，2011 年 4 月 12 日。

［4］Donald Kagan：《"古希腊历史简介"公开课课程系列讲座》，http：//yyets. com/showresource－juji－560. html，2011 年 4 月 12 日。

［5］［古希腊］色诺芬：《雅典政制》，蔡连增译，转引自蔡连增博客，http：//cailianzeng. fyfz. cn/art/109928. htm，2011 年 4 月 12 日。

［6］荀子：《荀子·王制篇》，http：//www. confucius2000. com/confucian/xunzi/9wangzhi. htm，2011 年 5 月 12 日。

［7］一行：《什么是教化》，道里书院论坛，http：//daoli. getbbs. com/post/t169946. htm，2011 年 4 月 12 日。

［8］David Roochnik：《古希腊哲学讲座》，http：//v. youku. com/v_show/id_XMjE2 NjA5N zc2. html，2011 年 4 月 12 日。

［9］Roochnik：《讲座视频》，http：//v. youku. com/v_show/id_XMjE0N zA0ODM2. html，2011 年 4 月 12 日。

［10］赵汀阳：《维特根斯坦式的"现象学还原"》，爱思想网，http：//www. aisixiang. com/data/31720. html，2011 年 4 月 12 日。

后 记

本书稿源自六年前写成的博士学位论文。

我的博士学位论文自读硕士期间就选好了主题，到 2011 年成型，共历时六年。那六年，我沉潜下来，孜孜以求，方才澄清诸多观点，形成自己的理论思考框架。其时心无杂念，读书、思考也专注，因此，论文虽有稚嫩之处，仍有很多观点可经考究。自 2011 年博士学位论文答辩到如今修改书稿，又经六年。回顾这六年，自己疏于读书与写作，又先后经历工作、疾病与亲人离世，心境同写作时已有很大不同，此时重新思考六年前关于信仰、德行、苦难以及身体参与性的言语，百感交集，既对近六年感到惭愧，同时也得到了安慰和鼓励。

每个人都会在身体消亡的一刻面对死亡，在走向死亡的有限时光中，还得面对苦难带来的种种困惑。由此，为何活、怎样活、怎能活出意义这类问题终究是无法绕开的。体育是通过让身体主动吃苦而体验意义的行为，是在自然生命基础之上挖掘超越自然的可能性，故而是人在悲剧性的命运中经历信心与希望的一种方式，是人的活法的一个缩影。人若常有在幽暗中发现光明的体验，如同在体育中所经历的，那么，当要面对晦暗不明的未来时，也会少些犹疑，多些坚定。这样想来，博士学位论文的观点即便不够成熟，或许也能对人有些许益处，于是略作修改，付梓于世，见笑于大方之家了。

在此，感谢我的恩师刘铁芳老师。导师为我费心费力，无论是学习、工作还是生活都操心记挂，对我的期待、鼓励、指点，难以数列。若不是缘于这种关怀，书稿就难以顺利完成。大恩难以言谢。

感谢张楚廷先生——我的老师也是我的老校长，他赞扬我的博士学位论文，还为我推荐了工作。祝福老先生健康！

感谢德高望重的孙俊三老师，能在他带领的教育学原理点学习和工作，甚为荣幸，祝福他！感谢张传燧老师、高晓清老师、常思亮老师、刘旭老师、辛继湘老师、郭娅玲老师、蒋红斌老师、雷鸣强老师、易红郡老师、刘德华老师、王卫华老师、刘丽群老师的指导与鼓励。感谢陆魁秀老师多年来对我的关心和帮助。感谢在博士学位论文答辩中给我指点的刘献君老师和胡弼成老师。感谢陈君老师、吴冰老师、陈牛则老师、顾基平老师、覃兵老师、姜新生老师、宋明老师、周莹老师、马欣老师、李社敏老师对我的关心。老师之称，内含深深敬意。

感谢同窗方林佑在我读博期间如兄长般的爱护，感谢所有同窗。

感谢肖绍聪、刘艳侠、黄继勇、黄鑫、曹婧、陈华仔、夏益春、刘学诚、曾令斌等同门。

感谢我的研究生。

感谢所有关心关注我的老师和同学。

感谢我亲如弟兄姊妹的好友们与我探讨人生。

感谢我的家人。

感谢我的工作单位湖南师范大学为研究提供的支持。

最后，感谢中国社会科学出版社在书稿编校和出版过程中付出的辛勤工作，尤其感谢卢小生主任的付出和关怀。

樊　杰

2017 年 10 月